O SILÊNCIO DO ALGOZ

A marca FSC® é a garantia de que a madeira utilizada na fabricação do papel deste livro provém de florestas que foram gerenciadas de maneira ambientalmente correta, socialmente justa e economicamente viável, além de outras fontes de origem controlada.

FRANÇOIS BIZOT

O silêncio do algoz

Tradução
Hugo Mader

COMPANHIA DAS LETRAS

Copyright © 2011 by François Bizot

Cet ouvrage, publié dans le cadre du Programme d'Aide à la Publication 2013 Carlos Drummond de Andrade de la Médiathèque de la Maison de France, bénéficie du soutien du Ministère Français des Affaires Étrangères et Européennes.

Este livro, publicado no âmbito do Programa de Apoio à Publicação 2013 Carlos Drummond de Andrade da Mediateca da Maison de France, contou com o apoio do Ministério Francês das Relações Exteriores e Europeias.

Grafia atualizada segundo o Acordo Ortográfico da Língua Portuguesa de 1990, que entrou em vigor no Brasil em 2009.

Título original
Le Silence du bourreau

Capa
warrakloureiro

Foto de capa
Manuel Ceneta/ GettyImages

Preparação
Flavia Lago

Revisão
Jane Pessoa
Angela das Neves

Dados Internacionais de Catalogação na Publicação (CIP)
(Câmara Brasileira do Livro, SP, Brasil)

Bizot, François
  O silêncio do algoz / François Bizot; tradução Hugo Mader. — 1ª ed. — São Paulo: Companhia das Letras, 2014.

  ISBN 978-85-359-2391-9

  1. Atrocidades políticas – Camboja 2. Camboja – História – 1953-1975 3. Partido comunista do Kampuchea – História – Século 20 I. Título.

14-00258   CDD-959.6

Índice para catálogo sistemático:
1. Camboja: História   959.6

[2014]
Todos os direitos desta edição reservados à
EDITORA SCHWARCZ S.A.
Rua Bandeira Paulista, 702, cj. 32
04532-002 — São Paulo — SP
Telefone: (11) 3707-3500
Fax: (11) 3707-3501
www.companhiadasletras.com.br
www.blogdacompanhia.com.br

Com efeito, "reconhecer" alguém, e mais ainda, identificá-lo sem ter logrado reconhecê-lo, é pensar duas coisas contraditórias com uma só denominação, é admitir que já não exista o ser conhecido, e sim outro, desconhecido; é entrever um mistério quase tão perturbador como o da morte, do qual é, aliás, o prefácio e o anúncio.

Marcel Proust, *O tempo redescoberto**

Se me pusesse diante de tal efígie, eu, que desconheço a mim mesmo e ignoro os meus traços, em tantas e tão hediondas rugas de angústia e de energia leria os meus tormentos e me reconheceria.

Paul Valéry, *Mélange*

---

* Tradução de Lúcia Miguel Pereira, São Paulo, Editora Globo, 15ª ed., 2007. (N. T.)

Sumário

Phnom Penh, 8 de maio de 2009 9
1. Sarah, 1963 11
2. O revolucionário, 1971 30
3. O algoz, 1988 68
4. O detento, 1999 85
5. O réu, 2009 110

Post-scriptum 133

Primeiro anexo — Miscelânea [de lembranças]
a propósito de *Le Portail*, de François Bizot
[por Kang Kek Iev, apelidado Deuch] 135

Segundo anexo — Depoimento do sr. François Bizot,
testemunha da Câmara nº 1 (8-9 de abril de 2009) 153

Notas 201
Cronologia dos acontecimentos referidos no livro 207
Agradecimentos 209

Phnom Penh, 8 de maio de 2009

— Sr. François Bizot, o senhor poderia nos relatar o que viu no campo de prisioneiros do M-13, desde sua detenção até sua libertação e regresso a Phnom Penh?
— Perfeitamente, senhor presidente. Gostaria, porém, de iniciar por um dos últimos episódios do meu cativeiro no campo M-13. Na véspera da minha libertação, no dia 24 de dezembro de 1971, fui autorizado pelo réu, Deuch, a oferecer um jantar de despedida aos meus congêneres, agrilhoados frente a frente a vergalhões de ferro. Trazendo os recipientes com sopa de galinha, obtida mediante o dinheiro confiscado no momento da minha captura, me aproximei de cada um deles. Os que se atreveram a falar, disseram: "Camarada francês! Por favor, não se esqueça de nós".

Hoje, Deuch é o réu, é ele quem foi acorrentado, por assim dizer. Permitam-me, nesta ocasião, evocar a memória dos prisioneiros do M-13, cuja lembrança não me deixa. E, em particular, a de meus dois auxiliares, Ung Hok Lay e Kang Son, executados mais tarde noutro campo por terem trabalhado comigo.

É em nome de todos eles que gostaria de prestar o meu depoimento hoje.

1. Sarah, 1963

— Bar-le-Duc! Bar-le-Duc! Parada de oito minutos.

A chegada de um trem à estação lembra uma roda da fortuna prestes a parar. As imagens desfilam cada vez mais lentamente, até que a janela se imobiliza ao acaso. Lembro-me da cena como se tivesse sido ontem. O frio das névoas outonais já se insinuava na penumbra. Uma garoa gelada refletia a luz das lâmpadas até a extremidade da plataforma. Dali, saía uma rampa que ia dar na estrada de ferro. Ainda ignorava que iria esgueirar-me por ela até os trilhos. Nessa noite, pela primeira vez, a minha vida parou.

Estava com a minha mãe, meu pai tinha morrido havia pouco, íamos para a casa de minha irmã. Sarah se retraiu nos meus braços, irrequieta com o barulho. Ela quase não saía de casa, depois que a trouxe de Colomb-Béchar e a confiei aos meus pais. Orelhas grandes e angulosas, olhos rutilantes, cauda peluda, instinto selvagem, a tudo farejava de enfiada, com rápidos movimentos de seu minúsculo e úmido focinho, pronta a escapulir de um salto.

Era linda, mais que tudo. Por ela, eu chegaria a lutar. Os hábitos dos meus companheiros da 711ª Companhia de Transmissões eram-me familiares, mas os dela eram muito mais, até nos seus mais estranhos caprichos. À noite, tirava-lhe a coleira e dormíamos juntos na areia, sob o mesmo cobertor. Após o serviço militar, afeiçoei-me tanto à raposinha que o meu pai cuidava dela com boa vontade quando eu saía para passear sem rumo certo. Mantinha-a consigo no escritório, debaixo da prancheta, onde pusera um pedaço de linóleo que ela revolvia ganindo, como se quisesse refazer a sua toca. Acalmava-se na presença dele, mas mordia os dedos da minha mãe.

"E agora, o que faremos com o pequeno feneque? Não sei se poderei tomar conta dele sozinha", afligiu-se subitamente minha mãe, à saída do cemitério.

Num piscar de olhos, desapareci na fria estação de trem. Havia reparado que a estreita passagem que descia da plataforma ia dar num caminho em cujas margens eu poderia perpetrar qualquer coisa com a certeza de não ser ouvido. Lembro-me de ter imaginado o ar de espanto dos ferroviários que, cedo ou tarde, dariam com a fofa pelagem loira. Retornei à plataforma rapidamente, como quem sai de uma cloaca, ainda submerso no desgosto brutal daquilo que acabara de cometer — uma mistura de impressões pungentes, a um só tempo de força bruta, desafio e espanto que dramatizava o falecimento de meu pai. Meus olhos se encheram de lágrimas.

No momento em que escrevo estas linhas, sou novamente invadido no imo pela mesma repugnância que arrasou a minha confiança naquele dia.

Minha mãe não precisou me fitar duas vezes para notar o sangue na manga do meu capote. Senti seu olhar pousar em mim e se cravar em vários pontos do meu rosto, como para descobrir-me a alma, para ajuizar o homem que eu me tornara e, quem sabe, também a sua parte de responsabilidade no que ela começava a intuir, pobre mulher...

Ainda em vida do meu pai, era evidente que eu não permaneceria na França: não era ali que se ofereciam as primícias da vida com que eu sonhava e em nome da qual estava impaciente por tudo mudar. Assumia com serenidade, como uma exigência natural, a vontade de partir para longe, para um desses países desconhecidos que cada um traz dentro de si, ainda deslumbrado com o egoísmo criativo em que mergulhara a minha infância, desinibido, disposto a tudo.

Dada a impossibilidade externada por minha mãe de tomar Sarah aos seus cuidados, bem como minha intransigência em relação a uma emancipação que almejava com todas as fibras do meu ser, não mais hesitava, de volta à sombra do vagão, em considerar os prós e os contras do meu crime até chegar a encará-lo como um sacrifício definitivamente necessário e corajoso. A mim, e a ninguém mais, cabia remediar a situação. Quanto a livrar a cara vendendo Sarah — naquele tempo, na Argélia, a raposa do deserto era um animal na moda —, parecia-me uma solução tíbia, degradante, satisfatória apenas para os objetos que não contam.

Ora, Sarah contava. Sacrificá-la, a meu ver, não constituía um crime menor, longe disso. O animalzinho partilhava, para viver, das disposições comuns a todas as criaturas: medo, agressividade, necessidade de aconchego. Eu não tinha, em absoluto, a impressão de ter cometido um ato insignificante, mais superficial ou decorrente de uma resolução menos grave que a exigida para assassinar um ser humano. Estava convencido de que tinha sido tão difícil criar um feneque quanto um *Homo sapiens*. Já tinha assistido, de longe, à morte de um punhado de homens da minha idade alvejados com indiferença, sem experimentar grande emoção. Ora, não é dever dos homens em tempo de guerra abater regularmente seus semelhantes? Isso me curara da crença numa superioridade dos seres humanos, como se eles fossem os únicos depositários de alento espiritual. Parecia-me, antes, que tal primazia toca a cada ser vivo na proporção da dor que se experimenta ao perdê-lo. Como, então, a morte de um animalzinho mimado e humanizado, que imaginava saído das mesmas camadas do universo que eu, poderia ter me afetado menos do que a morte de um desconhecido a quem não tinha motivo algum para estimar?

O general De Gaulle não permitia que lhe servissem à mesa as galinhas de sua capoeira, pois durante o passeio que fazia todas as manhãs em Colombey-les-Deux-Églises ele as via vivas, en passant, a ciscar a relva. Para mim, deveria ser a mesma coisa: o sacrifício de um animal não poderia me deixar indiferente, a menos que nunca o tivesse visto.

Naquela época, todas as crianças tinham um santo padroeiro. O meu era são Francisco de Assis, e eu me orgulhava do meu protetor. Militava, tal como ele, em favor da integração de todas as criaturas através de uma espécie de carta dos direitos do ser vivente. Na minha primeira comunhão, havia recebido santinhos com imagens do lobo de Gubbio e do sermão aos pássaros. Para mim, tampouco havia solução de continuidade entre o mundo animal e o mundo humano, e eu venerava a presença invisível que parecia palpitar naquele. E se a ciência e a filosofia, após são Francisco, haviam insistido numa diferença radical entre os homens dotados de razão e os "animais-máquinas", eu mesmo nunca me senti estranho ao reino animal.

Desde então, não evoluí nesse aspecto. Tal maneira de dividir o mundo vivo me consterna. Ela continua a ser um dos limiares, um dos obstáculos que minha sensibilidade nunca me permitiu superar.

Quando cheguei ao Camboja, em 1965, vi sem nada dizer, como todo mundo, tartarugas vivas viradas do avesso no braseiro; o talho aberto a machete no dorso da lontra, para prender-lhe o espeto; o porco amarrado ao bagageiro das motocicletas arrastando no chão o focinho ensanguentado — todas vítimas da nossa indiferença, do desgarre que separa o homem das demais criaturas, o mesmo desgarre que autorizava os milicianos do Khmer Vermelho a golpear a cabeça das crianças contra uma árvore ou uma parede.

Quando se mata "porque é necessário", digamos assim, o que importa é nossa forma de ver e pensar de imediato, nossa maneira de experimentar o interdito, a gravidade do perigo, sem explicação. Após a guerra, compreendi depressa que a carne, da qual tínhamos sido privados havia muito pelo racionamento, também constituía uma espécie de tabu.

Morávamos então em Nancy. Quando ia ao estádio de Essey com meu pai, evitávamos passar diante dos matadouros cujas exalações impressionavam meu espírito de criança. Percebia confusamente o que se fazia ali, embora fosse incapaz de imaginar por um segundo o que realmente se dissimulava por trás dos muros daquele império recluso. Mais tarde, o rumor de que multidões de seres desumanizados, na maioria judeus, haviam sido conduzidas para o abate me chegou aos ouvidos, aureolado do mesmo mistério incompreensível. Decerto, eles tampouco deviam ter alma.

Tinha sempre em mente uma conversa que tive com o meu pai, por volta de 1954. Acabávamos de deixar a tabacaria da esquina, em frente à cervejaria de Amerval. Nos primeiros tempos, disse-me ele, os seres viventes tinham aparecido sob as águas, de onde saíram para ir viver em terra firme; depois, tendo evoluído, começaram a ganhar os ares. Tínhamos concordado que aquilo era o progresso, a gradual evolução da vida, através de várias etapas, de um plano mais baixo para outro mais alto, rumo a um termo ideal. Ora, uma parte das criaturas, demasiado atraída pelo plano baixo, não havia logrado ascender senão pendurando-se às árvores.

Esse grupo reunia as criaturas mais inteligentes, e a maioria de seus membros decidiu conquistar a terra rapidamente com o fito de estabelecer ali o seu império, correndo o risco de viver sob o regime dos carnívoros e sofrer graves consequências. A astúcia dessas criaturas consistia em assumir sua imbecilidade sob uma forma congenial. Nós, os homens, éramos os seus fiéis herdeiros. Desde então, nada mais subsistiu sobre a terra, sob a terra ou nas águas que os homens não rastreassem, não ludibriassem, não encurralassem ou não destruíssem. Tudo teve de submeter-se à voracidade de seu desejo.

Somente os pássaros ornados de plumas, graças à sua esplêndida leveza, haviam logrado escapar-lhes à dominação alçando voo em rápido adejo, enquanto as outras espécies foram privadas dos seus direitos. A invenção do conhecimento, tal como a do bem e do mal, dos bons e dos ruins, data dessa época. Os pássaros tornaram-se as únicas criaturas capazes de mergulhar profundamente no sonho da vida, de viver pacificamente longe do mundo e dos deuses, à distância da espécie humana, dos matadouros, campos de concentração e demais estabelecimentos de abate.

Em sua desmedida presunção, os homens tinham feito várias tentativas para ganhar as alturas, mas o peso excessivo dos seus membros acabava por trazê-los de volta a terra. A tensão entre o leve e o pesado que os habita tornou-se o aspecto mais trágico de sua condição cá embaixo. Desde então, a ideia de se transportar até onde desaparecem os pássaros, aspirados pela força oculta do céu, passou a ser o objetivo que perseguem, mas jamais atingem.

No meu espírito de criança, tal fábula tudo esclarecia: era por isso que os homens haviam dotado os anjos de asas e que, desiludidos da alma envilecida pelas platitudes de seu próprio peso, evocavam eternamente o mito de um paraíso perdido cujo caminho pelo céu eles continuavam a buscar cegamente.

Como sempre, nos momentos em que caminhava ao lado de meu pai, sentindo-lhe a mão pousada docemente sobre o meu ombro, tinha o sentimento de que as palavras pronunciadas ficavam gravadas na minha memória para mais tarde forjar o que seriam as minhas primeiras reflexões de adulto.

*

Muitos alemães estavam aquartelados em Nancy quando já circulava o rumor de um desembarque dos Aliados. Eu e minha mãe subíamos a Pépinière — grande alameda que desembocava diante dos velhos carvalhos do jardim de infância. A pouca distância, um oficial da SS vinha caminhando na nossa direção. Ao cruzarmos com ele, mostrei-lhe a língua. O militar estacou. Minha mãe, atemorizada, desferiu-me uma bofetada.

"Senhora, por que esbofeteia o seu filho?... Em seu lugar, eu me sentiria orgulhoso", disse ele, em francês, com um estalo de calcanhares, antes de seguir em frente.

Naquele dia, a exemplo de minha mãe, que raramente me batia e nunca com tanta força, compreendi que o medo era capaz de impelir qualquer pessoa a ultrapassar os limites de seu comportamento habitual.

Nos anos seguintes, ouvi amiúde meus pais evocarem essa cena. Quando tínhamos convidados, meu pai, sempre afetando um arzinho de surpresa antes de começar, gostava de chamar a atenção para a moral de uma história que, afora algumas considerações sobre o ardor do meu incipiente patriotismo, não era forçosamente aquela que todos esperavam.

Foi esta a primeira incidência de uma reflexão que eu iria elaborar e desenvolver plenamente: ainda que fossem — ou porque eram — cheias de boas propensões, as pessoas poderiam ver-se implicadas em empreendimentos criminosos. Cumpria, em todo caso, combatê-los segundo regras preestabelecidas, atendo-se a um plano traçado de antemão, fundado sobre um estado de espírito resistente que proíba pactuar com um oficial inimigo, por mais simpático que seja.

Após a Liberação, os primeiros livros que li contavam as aventuras de uns traficantes que iam comprar escravos para revendê-los em mercados, como animais. Revoltava-me o direito que eles se arrogavam de maltratar as presas, a pretexto da animalidade delas.

A escravidão, que convulsionava a humanidade desde a pré-história, havia tirado proveito do uso a que se destinavam as bestas, do mesmo modo como, se eu bem compreendia, o extermínio em massa havia calcado o seu método operacional no dos matadouros de animais. Um liame entre os dois fenômenos aos poucos se insinuou ao meu espírito. Como não ver que um era a consequência do outro? Que este possa ter ocorrido sem acarretar aquele? Há crimes monstruosos que atingem o mundo na sua totalidade, na sua estrutura, na sua razão de ser.

Assim vistas as coisas, de uma óptica biológica, formam-se pensamentos desalentadores, chega-se a uma percepção muito pessimista do homem. Mas o olhar da criança, o mais implacável que alguém pode dirigir a si mesmo, não perdura; o medo que nos provoca já não alcança a consciência comum. Então, veio-me a ideia, embora não ousasse crer que tal dia pudesse chegar, de que proibir o abate — em Nancy, matava-se principalmente a maço e por enervação — talvez fosse a única maneira de suprimir nos filhos do homem a vontade de devorar o próximo, de subjugá-lo para se lançar à conquista de impérios: a única maneira de causar-lhes repugnância, extirpando o desejo pela raiz. Comer a carne dos animais se tornou para mim o sinal de um instinto de morte, o símbolo de uma progressiva assimilação de nós mesmos que culminava em autofagia.

Um dia, dizia comigo, acabaremos por recordar os matadouros como marcas de outra era, com a mesma vergonha que nos desperta a evocação dos navios negreiros. Fiquei nisso até hoje, passados tantos anos; pouco ou nada progredi após as primeiras intuições — a minha imaginação não me leva muito além dos limites dos outros entes vivos, tudo o mais permanece na sombra. Contudo, pareceu-me espantosa a ideia de que o homem descendesse do macaco. Certamente, que um dos meus ancestrais tivesse se aventurado a deixar a sombra generosa das grandes árvores para impor o seu reino, submetendo as outras criaturas, era algo que me permitia compreender melhor "o que somos cá embaixo na terra".[1]

*

Não dizíamos tais coisas entre nós, porém mais tarde observei, na Argélia, que o coração dos meus companheiros de regimento não era muito mais sensível que o meu diante do cadáver de um felá, enquanto sentíamos dramaticamente o desaparecimento do camarada que estávamos acostumados a ver, com sensibilidade por vezes surpreendente — como esta, que agora me fazia chorar no trem. Chorava por mim mesmo, assaltado pela consciência da minha indignidade: tinha sacrificado Sarah para me expurgar das consequências do falecimento de meu pai. Ora, o fato de tê-la matado sem ferir a moral nem me arriscar a nenhum castigo foi o ponto de partida de uma tomada de consciência cujo impacto sobre mim jamais deixou de me acompanhar em surdina, refletindo-se na minha face a todo momento, como se eu tivesse agido em cumprimento de uma ordem, em função de uma "razão superior", perfeita e imutável, tornada inerente à minha pessoa.

Nunca mais tornarei a parar em Bar-le-Duc sem baixar os olhos e calar-me, a exemplo do silêncio resignado que minha mãe aprendera a observar.

Essas reflexões ainda são dolorosas para mim, como tudo o mais que ficou daquela viagem, cuja lição só muito mais tarde eu começaria a tirar. Minha mãe calou-se, com efeito, diante do inelutável, e o seu silêncio, naquele dia, cobriu o rangido dos eixos durante o resto do trajeto. Não voltamos a falar de Sarah, nem na casa da minha irmã, nem nunca mais. O silêncio com que ela me envolveu não foi o que guardamos para nos abster de falar ou condenar, ou o que observamos sobre a nossa vida interior, mas outro, mais cruel: o silêncio da resignação, em que nos mantemos prisioneiros.

Nunca contei essa história para ninguém, mas a sua evocação me persegue como uma imagem incessantemente reavivada. A morte de Sarah tornou-se um abismo em mim; compreender isso é possuir a chave de numerosos enigmas. Conservarei esse medo até o fim dos meus dias. Juro que o gesto foi intolerável e que precisei me violentar, em condições a um só tempo atrozes e fáceis. Vêm-me arrepios: golpeei-a com toda a força contra a mureta. No mesmo segundo em que senti tal força vir a mim, ela não se mexeu mais, aniquilada pelo medo, magnetizada pela minha decisão, ou, quem sabe, tomada de vertigem pelo efeito da ternura que eu lhe transmitia e que ela ainda sentia.

Saí fulminado de uma experiência que me confrontou de maneira inesperada com o espantoso segredo sobre o qual a minha mãe, como todo mundo, habituara-se a guardar silêncio: o que distinguia o homem das demais criaturas era a sua aptidão natural para desdenhar as emoções.

Uma nova era se iniciava, eu estava no ano zero; teria de aprender a viver sem o meu pai. Durante o trajeto, as penugens dos meus sonhos de juventude foram caindo, uma a uma. Teria de trocar de pele, preparar-me para uma nova arribação, que exigiria outros sacrifícios, outras traições.

*

Tão rápido quanto possível, precisei correr o mundo, sacudir o jugo das servidões, identificar os instantes verdadeiros da vida, aprender a reconhecer a importância dos reveses que moldam a consciência — realidades que jamais iluminam os lugares agradáveis — e, a cada vez, improvisar novas pátrias no olhar dos meus companheiros de estrada. Depois, a descoberta de um reduzido número de obras seminais, cuja leitura me era tão necessária quanto improvável, desviou-me do caminho e me trouxe de volta à França. Retomei então os meus estudos até a nova partida, dessa vez rumo aos templos do Camboja. A Conservação de Angkor tornou-se o âmbito das minhas primeiras pesquisas sobre o budismo khmer.

No dia 10 de outubro de 1971, em pleno viço da idade, sou detido num mosteiro por milicianos da guerrilha cambojana, condenado à morte e trasladado para um campo de concentração (M-13). Minha filha Hélène, de pouco menos de quatro anos, é deixada na estrada, escapando assim à minha sorte. Entretanto, o chefe encarregado de executar-me diligencia por conseguir minha libertação, ao final do terceiro mês de cativeiro. Tempos depois, é nomeado diretor da prisão secreta S-21 ou Tuol Sleng, em Phnom Penh, incumbido de interrogar e eliminar milhares de inimigos da revolução. Ao final das hostilidades, o meu antigo "libertador" desaparece na natureza. Até que um dia ele é reconhecido, identificado como o "algoz de Tuol Sleng" e, por sua vez, preso. O homem não se esqueceu de mim e gostaria de voltar a ver-me. De uma só vez, escrevo as memórias do meu encarceramento na selva, sob a férula de Deuch — *Le Portail* [O portão] —, onde relato, sem a menor preocupação em falsear o passado com palavras por demais enraizadas no presente, a relação ambígua que nos aproximou. Meu único objetivo é expor o que um jovem francês de trinta anos se lembrava de ter vivido num campo de extermínio, e, em tais condições, o que tinha apercebido do algoz.

Tive oportunidade de trocar rapidamente algumas mensagens com Deuch, e, em seguida, de encontrar-me com ele na prisão. Cuidei de enviar-lhe meu livro. Nesse meio-tempo, uma engrenagem de instrução criminal pôs-se em marcha para julgar o complô do Khmer Vermelho perante um tribunal de direito internacional: o algoz é acusado de crimes de guerra e crimes contra a humanidade.

Hoje, sinto a premente necessidade de voltar a esse acontecimento ainda tão momentoso, conquanto vivido muito prematuramente: tratou-se de um violento choque existencial, psicológico e emocional cujos efeitos subsequentes, escalonados e intensificados ao longo do tempo — 1971, 1988, 1999, 2009 —, eu sofri sem cessar, como provações que precisei vencer para emergir das sombras rumo a uma nova consciência.

Essas datas não dizem nada; para mim, no entanto, formam um todo indissociável. De seu desdobramento, desenham-se as sucessivas versões de um retrato falado truncado, trágico e fantasmagórico que os meus automatismos mentais não me deixam em absoluto reconhecer. Ocorre-me apenas decifrá-las de modo intermitente, a exemplo dos surtos de febre que contribuem para o desenvolvimento das crianças, quando não as matam. Tamanho foi o choque que precisei a cada vez reavivar antigas correlações entre as minhas intuições de outrora — algumas delas extirpadas da consciência a tal ponto que chego a duvidar se jamais me ocorreram — e outras que de agora em diante me agitam com a força do presente, como um junco a romper amarras.

*

1971. Se o meu encarceramento no M-13 tivesse sido tudo, não me teria ficado senão a impressão de ser preciso superar um conflito pessoal, nenhum inimigo real, a sós comigo mesmo, com a única e momentânea obsessão de não deixar passar nada do que teria podido constituir um prenúncio da minha morte, tal como certos movimentos que perscrutamos na superfície das águas anunciam um maremoto iminente, embora ainda invisível. Teria saído do episódio me sentindo culpado e atormentado, mas, ao mesmo tempo, tão aliviado que a euforia da libertação teria dissipado tudo, inclusive o nome e as feições do antigo professor de matemática a quem devia o fato de estar vivo. No momento, acreditei sinceramente que essa história tinha ficado para trás, tinha acabado, e que após a guerra eu iria reencontrar alegremente meus dois companheiros e, junto com eles, levar adiante minhas pesquisas.

1988. Muito mais tarde, quando reconheci a foto do Khmer Vermelho de quem havia sido prisioneiro, desencadeou-se um segundo processo de tomada de consciência que veio mudar radicalmente as coisas: fora ele quem orquestrara a morte de milhares de pessoas nas valas comuns de Tuol Sleng. Comecei a rever o filme do meu cativeiro com outros olhos. Um filme visto em câmara lenta, imagem por imagem, enquanto a lembrança nítida dos meus colegas de cativeiro me chegava por lampejos, através do olhar de cada uma das vítimas cujas fotos estavam afixadas nas paredes da prisão.

O próprio "Deuch" — tinha, com efeito, esquecido seu nome — tornou a me aparecer, mais do que nunca, porém, envolto na auréola de duplicidade com que certa feita o vira — expressão ora sorridente e franca, ora hermética e fria —, alheado de si, num desdobramento da personalidade que ele mesmo já não era capaz de ajuizar. "Ninguém consegue mostrar uma cara para si mesmo e outra para a multidão, sem ao final indagar com assombro qual das duas é a verdadeira":[2] depois de Tuol Sleng, não se permitia mais a dúvida. Enquanto, a seu lado, eu me deixava esgueirar mais uma vez até o vazio da "zona cinza"[3] que nos separava e nos tinha ligado no M-13 — lugar paradoxal onde se me ofereceu a ocasião de compreendê-lo, para o meu espanto —, seu espectro nauseabundo, coberto de farrapos esmaecidos atados com trapos, aproximava-se de mim. As modulações de sua voz se transformaram em não sei que estridente lamúria que me pareceu constituir o substrato de todas as lamentações humanas. Nunca ouvira nada semelhante: a enormidade de sua miséria extinguia em mim qualquer traço de piedade. Do mesmo modo, retirei-me precipitadamente de Tuol Sleng meditando sobre o sentido de coisas que tinha visto em estado embrionário, sem ter podido reconhecê-las.

No intervalo de tempo em que se operava a recristalização das minhas lembranças, compreendi que tal visão não me deixaria mais, que seria preciso conviver com ela para sempre.

1999. Tornei a cair na mesma armadilha dez anos mais tarde, embora sob forma mais insidiosa, mas não menos trágica, quando Deuch reapareceu vivo. Dois jornalistas o encontraram e o reconheceram sem hesitação, graças a velhas fotografias.[4] O antigo revolucionário não desmente nada, oferece um singelo resumo de sua missão nas execuções e menciona sua recente conversão ao cristianismo. Para ele, nada havia de surpreendente nisto: como Deus se manifesta na origem de tudo o que não compreendemos, de tudo o que não queremos cometer, a única explicação possível era a sua própria culpabilidade — soara, portanto, a hora da represália. Pouco depois, recebi em Bangkok as gravações em fita cassete do primeiro jorro de suas rememorações, em que ele reconhecia a parte de responsabilidade que lhe cabia pela morte de "cerca de quarenta mil pessoas".

Na verdade, eu não pensava mais em Deuch como tal. Seu papel, sua ação tinham ultrapassado os limites de sua pessoa. Foi, pois, à maneira de uma armadilha há muito preparada, que as coisas tornaram a se fechar sobre mim, como um quebra-cabeça cujas peças imantadas se encaixassem umas nas outras silenciosamente, com a força de uma mandíbula. Vi ordenar-se na minha cabeça os elementos do jogo infernal. A biografia de Deuch já não poderia ser outra senão a do "algoz de Tuol Sleng", embora ele tivesse me dado a ver outra coisa de sua pessoa. Não era mais permitido me calar: o indivíduo revoltado, o especialista engajado, o homem desmascarado, o ser moral e exigente, em quem tudo era verdadeiro, tudo era faceta. Suas metamorfoses adquiriam o significado das antigas tragédias de sentido obscuro, que nada explicam, mas cujo tema transcendente continua a ser a representação das forças da vida, em meio às quais se debate o homem, inteiramente à mercê do perigo.

Lancei-me ao trabalho. Não tendo, por assim dizer, anotado nada no próprio local, meu relato só poderia ser uma conformação de frágeis reminiscências. Em todo caso, porém, dada a rapidez com que nossos sentimentos se esfumam e em questão de poucos dias perdem a cor, parecia-me que a fixação imediata e grosseira da experiência vivida também se tornaria um enigma. Entre o assunto e o autor, impunha-se o recuo. O mais duro foi ponderar minhas dúvidas; o mais sublime foi resgatar o frescor de certos momentos mediante rodeios e retornos no tempo, como o vaivém do sangue pelas veias.

2009. Na véspera de prestar depoimento no processo do Khmer Vermelho, quis retornar uma derradeira vez a Tuol Sleng. Mesmo após inúmeras visitas, o lugar nos enche de pavor.

Nos corredores do antigo liceu, o monstro diante do qual dentro em pouco testemunharei parece tão presente ainda que me vêm curiosamente à memória as crônicas de Joseph Kessel sobre as sessões do tribunal de Nuremberg. Nelas, o grande aventureiro e repórter dá vazão a todo o seu talento e animadversão.[5] Kessel observa com binóculos e descreve, com a precisão do caricaturista (e amplo recurso a signos derivados de uma espécie de antropometria moral), a animalidade e a degenerescência dos traços de cada um dos hierarcas nazistas reunidos na sala, de sorte que a possibilidade de nos reconhecermos um pouquinho que seja naqueles "falsos semideuses" jamais aflora ao espírito de nenhum ser humano digno desse nome: *rosto enorme, crânio calvo, testa estreita, olhos furtivos, cara chata, nariz afilado, lábios finos, voz melíflua, queixo inexistente, pescoço mole, ombros fornidos, costas rotundas...*

O ponto de vista escolhido aqui, em Nuremberg, ou alhures, e que os homens sempre adotaram para pintar seus inimigos mais antagônicos, é, portanto, não obstante o talento esbanjado por Kessel, o mesmo do conjunto de observadores e cronistas judiciários da época. Já o meu inimigo, ai de mim!, não se apresentaria assim numa sala de audiência como essa. Depois do M-13, já não persigo o mesmo alvo. O meu é mais difícil de reconhecer, embora se deixe identificar muito mais facilmente, pois assume o rosto de todos e cada um...

Penso, no mesmo instante, na nota que o editor francês das confissões de Rudolf Hoess, o antigo comandante de Auschwitz, cuidou de acrescentar à atenção do leitor:

> A autobiografia de Hoess apresenta um interesse histórico e "exemplar" tão considerável que se fazia mister a sua edição em várias línguas. A vida privada de Hoess não diz respeito ao leitor senão na medida em que esclarece o comportamento "histórico" do perso-

nagem. Outrossim, a editora Julliard, bem como as editoras inglesa, polonesa e alemã, e, para esta nova edição, a editora La Découverte, não julgaram oportuna a publicação das cartas de despedida de Hoess à sua família.[6]

A nota do editor remetia ao final da narrativa de Hoess, quando este, às vésperas da execução por enforcamento, parecia ter encontrado em certas passagens de caráter mais íntimo motivos não apenas para se reconfortar, mas para expor-se mais completamente e, por isso mesmo, de forma muito mais monstruosa no desdobramento de sua personalidade: "Quando se utilizar deste relato, gostaria que os trechos que dizem respeito à minha mulher, minha família, minhas expressões de afeto e minhas dúvidas íntimas não fossem publicados".[7]

Quanto a mim, penso antes que a vida privada do oficial nazista também nos diz respeito, e por mais de um título, na medida em que lança luz sobre as formas de comportamento que temos em comum com ele. É, de fato, uma terrível aproximação, tanto que deveria constituir o objeto de um decreto de emergência ou mesmo de uma medida excepcional. Vejo nessa recusa os efeitos nocivos de um pretenso pudor que não visa senão embaralhar as pistas e neutralizar a nossa desconfiança; de uma moral a tal ponto artificial que induz a mascarar a realidade sob estereótipos e fatos caricaturais, de modo a relegar os grandes assassinos a uma distância segura, parodiando-os, se não fazendo deles motivo de riso. Sim, a vida privada desses homens me interessa, na medida em que ela tem relação com os seus crimes; ou pior: na medida em que mascara a estreita relação que ela guarda com os seus crimes. Para lá das "trágicas anomalias de comportamento" imediatamente atribuídas aos déspotas sanguinários uma vez *vencidos*, desmascarados e estigmatizados pelo senso comum nos livros de história, é justamente esta parte do ser sensível — a que compartilho com eles, por ser igualmente reveladora da minha natureza íntima — que está na origem de toda a minha aflição e perturbação. Na medida em que observamos sem dissimulação a monstruosidade do outro, cedo ou tarde acabamos por reconhecê-la em nós.

De onde poderíamos tirar, do outro lado do véu, ainda que por um instante, a força para escaparmos ao pior daquilo que nos recusamos a ser? Não sei se isso é possível sem uma profunda crise pessoal. Em contrapartida, receio que jamais cheguemos a ela se nos contentarmos sempre em repelir com indignação as oportunidades excepcionais de nos reconhecermos no outro. Não é nos sistemas, mas no que há de mais íntimo em nós e nos nossos infortúnios que poderá vir a germinar um novo fruto sobre a terra, à sombra do cadafalso dos nossos grandes sacrilégios: a violação da consciência social, o ultraje da moralidade, a profanação do nosso arquétipo de homem.

Ao observar Deuch no banco dos réus, sob as luzes exageradas da Câmara Extraordinária nas Cortes do Camboja (CECC), que também batem em cheio em mim, tenho vontade de me levantar e denunciar o tabu hipócrita, instando os juízes a que tenham coragem de nos dar a ouvir os trechos em que o algoz de Tuol Sleng, súbito vestido no mesmo uniforme que o carrasco nazista, revela sua sensibilidade e suas dúvidas, expõe os caracteres fundamentais da sua humanidade, de que modo ele foi um homem violento, covarde, leviano e, portanto, profundamente humano.

*

Nas páginas a seguir, volto a essas tribulações que marcaram minha vida. Trata-se de reconsiderá-las com o auxílio de uma sensibilidade renovada, etapa por etapa, reintroduzindo-as noutras tantas partes correspondentes.

Perdi a convicção de que as coisas, desde o instante em que se produzem, assumem uma forma inalterável que se mantém por toda a eternidade. O que ainda não era verdadeiro no pretérito, a minha ação torná-lo-á num momento posterior. O presente modifica antes o passado do que o futuro, cada nova tribulação pressiona as anteriores a fim de esmagá-las. E como sempre nessas circunstâncias, volto a pensar na morte do meu pai, em Sarah... A dor aumenta, a alma se dobra; todavia, que terno complemento a morte acrescenta à lembrança daqueles que amamos até o último instante!

Penso nos meus dois amigos, na ronda infernal das vítimas do M-13, nos prisioneiros com quem convivia à distância, mirrados, porém ainda jovens e belos: mortos, sem amor. Seus rostos perfurados por tachas cravam-se em mim como nas paredes de Tuol Sleng. Penso também em Deuch, do qual todos mantêm distância, inclusive os próprios filhos. Na filha repudiada, desonrada de uma hora para outra pelos crimes do pai... A forma mais dura de morrer é desaparecer do coração dos seres que amamos, deixar de viver neles.

Além do passado que retorna a mim todos os dias, tanto ele ainda me engendra, repasso ao infinito as fases da tribulação cambojana, a única que me levou a tomar consciência da minha identidade — melhor do que qualquer morte — e escancarou-me os olhos para a mais perigosa das equações: sondar em mim o pior que pode haver em outrem.

Senão, como haveremos de sair da nossa cegueira, "a grande cegueira de todos e cada um por si?".[8]

2. O revolucionário, 1971

Com o tempo, muitos dos meus julgamentos acabaram se modificando, jamais, porém, aqueles que emiti acerca de uma revolução prontamente odiada, pois pretendia substituir todos os referenciais nos quais repousava meu amor pelo Camboja. Por certo, seus partidários não careciam de argumentos para seduzir e inflamar as paixões: fazer frente aos americanos, acelerar o inexorável levante dos povos que sacudia o mundo. Todos haviam calculado, como tantos outros, o olhar perdido em sonhos, que a guerra fazia parte do cortejo de sofrimentos que acompanha as metamorfoses da vida, porém sua luta, esta derivava de uma ação mais elevada. No Camboja, como na França, onde os adeptos incondicionais de Mao desfaleciam ante a visão do glorioso Khmer Vermelho, disposto a qualquer sacrifício, revolucionários de todos os matizes tinham trocado o domínio da inteligência pelo do sentimento que fazia bater os corações. Cantava-se a solidão do guerrilheiro como a sorte reservada a um punhado de homens livres refratários à antiga ordem do mundo, em que senhores e escravos estavam fadados a se rebaixar mutuamente. Diante de tal futuro, em face de tamanha glória, como imaginar por um instante que os jovens heróis que ganhavam a selva para combater o "imperialismo americano" um dia engrossariam a turba dos constrangidos a dissimular sua vergonha e sorrir para o antigo inimigo?

Recrutado para ir estudar as tradições do budismo, após cinco anos fui obrigado a fugir diante da invasão de Angkor pelas tropas de Hanói. Retirei-me para as províncias centrais, onde, porém, começava a se alastrar a rebelião do Khmer Vermelho. Apesar da inclemência dos tempos, conservava a esperança de protagonizar achados felizes no Camboja. No dia 10 de outubro de 1971, fui capturado por um grupo de guerrilheiros, juntamente com meus dois auxiliares cambojanos, Lay e Son, e logo arrebatado, como se faz com uma boa caça. Postados a intervalos sobre um trajeto que evitava as áreas habitadas, jovens milicianos se revezavam para escoltar-me debaixo de chuva, ao longo de carreiros esburacados e alagados. Na primeira etapa da jornada, uma fissura havia se produzido no meu espírito entre o estudioso, cuja existência tinha levado até então, e a visão do homem que eu me tornara, subitamente vigiado como um criminoso. Um tribunal tão miserável quanto teatral interrogou-me diante de uma plateia reunida às minhas costas para aplaudir.[1] Pouco depois, minhas pernas foram presas num enorme tronco que ocupava todo o piso superior de uma casa, onde fui encontrar meus dois acólitos, tão desgraçados quanto eu. Uma meia dúzia de mocinhas com ar de nojo fez fila para nos cuspir na cara, contemplando-me com extraordinário desprezo. Vozes ríspidas vindas do térreo mandaram aos gritos que me tirassem a roupa; a seguir, um grupo de homens subiu para me buscar. Após um breve conciliábulo, taparam meus olhos com uma venda imunda e me empurraram por ramagens, ao longo de uma trilha obstruída que ia dar nos arrozais. Meus olhos não tardaram a pousar nas coisas sem vê-las, como antenas que as tocassem de longe. A exasperação, a violência, a cólera que explodiam em mim cederam de modo repentino; obriguei-me a agir como se tivesse coragem. O corpo põe-se em movimento, suspenso aos olhos arregalados por sob a venda, avança como um autômato, com boa vontade pueril. A iminência do acontecimento pesava opressivamente sobre meus sentidos; quanto menos intuía a situação, melhor a operação se desenrolava por si mesma. Deixei-me ficar, como que tomado de um pasmo avassalador. Era-me tão difícil recuperar o fôlego quanto esperar ou desesperar. O instante da morte parece ocultar um ato essencial. Já tinha visto homens morrerem, e sobretudo animais, um tanto ausentes no exato momento em que ela sobrevém, sem surpresa, como num tempo esperado de antemão. Seria diferente comigo? Como reagimos interiormente quando o abalo se faz sentir? Os aldeãos de Angkor abatiam porcos a machadadas, entre gritos e risadas, com tamanha crueldade que certa vez lhes pedi que me deixassem degolá-los com um gesto certeiro, afagando-os previamente para acalmá-los. Que horror!... O algoz também deve resignar-se ao sacrifício. Seria possível, de muitas maneiras, fazer a coisa de forma mais humana... Mas de que adiantaria se assim é o curso do mundo?

A resoluta firmeza que guiava meus passos enlameados por sobre a mureta denteada dos diques cedeu para isolar-me e, de súbito, deixar-me plantado ali, a seis metros de um pelotão de fuzilamento, do qual me chegavam aos ouvidos alguns sussurros e o estalido das armas. Nesse instante, em que somente a situação prevalece, já não sentia a injustiça, tinha apenas uma vaga ideia das coisas, medo também de que pudesse doer — como no dentista, quando criança, antes que me pusessem na cadeira e eu começasse a gritar. Também havia me concentrado em cada ruído com extrema atenção, à espera não sei direito de quê, mas as imagens que se formavam escapavam-me uma após a outra. Continuei em pé, ponderando concretamente cada segundo que passava e que eu via fugir. Não ouvia senão o latejo acelerado do sangue nas têmporas. Logo me deixei absorver pelo cisalhamento contínuo dos meus pensamentos, ou antes, mil esboços de pensamento que paralisavam uma a uma as minhas faculdades, já imerso no torpor que sucede à crise. Perdia-me em devaneios quando os guardas me puseram novamente em marcha, dessa vez, ao longo de um caminho mais largo que rumava direto para o norte.

Na manhã seguinte, cruzei os confins de um campo de prisioneiros sem me dar conta disso. Dezenas de pessoas eram mantidas ali, em absoluto silêncio. O lugar tinha dimensões modestas, visto que abrigava somente quatro palhoças, encarapitadas sobre pilotis baixos e cobertas por folhas de palmeira trançadas; era limitado por um riacho e pelas margens mal definidas de uma área desmoitada. Tiraram-me a venda e logo vi alguns arbustos, a vegetação rasteira e várias árvores grandes: elas demarcavam o perímetro proibido, no centro de um bambual que um grupo de homens poderia controlar facilmente. Fui acorrentado com outros prisioneiros deitados aos meus pés, feito sombras, escondendo o rosto. Estavam estendidos lado a lado sobre um jirau de bambus, como objetos subtraídos ao uso e reduzidos à sua presença solitária, já debilitados. Pretendiam com isso atenuar-me o isolamento ou agravar-me a pena? O mutismo dos meus colegas de cativeiro me pareceu uma prisão dentro da prisão.

Desde então, minha vida passou a depender dos relatórios diários que o chefe do campo fazia aos seus superiores, todos educados na França e, como ele, sonhadores impacientes por conceber um país purificado, radicalmente isento de iniquidades e miséria. Era partidário do comunismo marxista, ansiava por ver a justiça se instaurar no mundo e estava determinado, se fosse preciso, a sacrificar a vida por isso. Era jovem e sorridente. Os guardas, que o temiam, chamavam-no de Ta Deuch.* Eu tinha trinta anos, ele vinte e sete.

Ta Deuch era homem de poucas expressões, mas cada qual lhe conferia um semblante diferente. No entanto, ele jamais se apresentava a quem quer que fosse sob a aparência exterior de um inimigo ou de alguém roído pelo ódio; na verdade, tal calma nos fazia baixar os olhos mais depressa. Deuch parecia destinado a exercer o poder de forma natural e não se fazia mais temível do que já era na realidade. Assumia sem subterfúgios todos os deveres inerentes ao seu engajamento como se fossem suas próprias exigências perante as leis da razão.

Naquela fase da guerra, que opunha o Khmer Vermelho e seus aliados vietnamitas ao regime pró-americano dirigido pelo marechal Lon Nol, a organização política dos revolucionários já tinha se consolidado mediante uma estrutura hierárquica bastante rígida, na qual Deuch — assim me dizia uma crescente intuição —, longe de ser um chefe local com alguma autonomia, não passava de um elo da cadeia.

Ele prestava contas sem cessar e recebia ordens. Não é que parecesse aprovar invariavelmente estas últimas, tampouco; ao comportar-se assim, restringia-se àquela passividade edificante que continua a ser um dos traços mais característicos do perfeito soldado.

Apesar dos meus protestos intempestivos — dou-me conta disso hoje —, comportei-me desde logo como um cativo de coração singelo, bastante infeliz, para quem a liberdade era poder tomar minha filha nos braços, entrar nas aldeias, cochilar ao amanhecer, ter o direito de ir e vir aonde quisesse na minha motocicleta.

---

* "Ta", forma de tratamento respeitosa, usada para se dirigir a superiores e aos mais velhos. Significa "ancestral", "remoto", "avô", "avoengo", como em "Ta Prohm" (o ancestral Brahma), nome de um célebre templo do complexo de Angkor. (N. T.)

Contemplava Deuch com os olhos cheios de uma solicitude desesperada, e sua presença pontual, a proximidade do lugar onde ele ficava, logo se tornou a única coisa que me ligava ao exterior e que me permitia recuperar o fôlego. Quando me sentia mais miseravelmente acabrunhado do que de costume, era ele quem eu procurava com os olhos através da folhagem. Vislumbrava-o, então, sentado à mesa, a cabeça entre as mãos, cheia de reflexões incomunicáveis. Era-me possível observá-lo com tamanho vagar que ainda hoje posso ver diante de mim aquele rapaz de compleição franzina, magro, como que modelado nas baixas arcadas do bambual sob o qual vivíamos secretamente, sempre vergado sob a pressão de uma força obscura. Seu corpo de citadino desenraizado parecia se ressentir mais do frio e da umidade que da fome — e nos nervos, mais que na carne. Dir-se-ia que ele vivia continuamente exaurido, prestes a sucumbir. E me admirava que tamanha dedicação em prol dos seus semelhantes não lhe tivesse valido senão uma posição pouco invejável na vida.

No M-13, nunca cheguei a mergulhar no estado vegetativo em que tantos prisioneiros perdem aos poucos a impaciência e se afastam do que lhes é vital. No entanto, meu isolamento ainda era o oposto ao dos eremitas da aldeia nos quais eu quisera me inspirar: a perene aptidão para derivar interesse da passagem das horas, a excelência na arte de estirar o tempo e apagar-lhe as tensões. Além do horizonte trágico para onde dirigíamos o olhar e que nos enlouquecia, havia o trágico de cada dia, muito mais real e profundo, que todos sofríamos — a fome, o frio, a solidão —, mas que nos fazia viver, apesar de tudo. O dia a dia dependia da boa vontade dos carcereiros. Longe de suas aldeias, vinham contribuir com sua juventude, seus excessos e seu ardor para a causa da revolução, coagidos pela chantagem ou a troco de proteção para si e para suas famílias. Mal chegavam, a corrosão moral desestruturava suas jovens existências: a maldade, tanto quanto a gentileza, a sensibilidade, certo grau de instrução e também, de modo manifesto, a inteligência eram supérfluos para o desempenho de tal função por adolescentes. A teoria visava reformá-los segundo um método decisivo sem precedentes, em que a educação acelerada implicava uma forma singular de exílio, de disciplina, de rivalidade, de crueza. A guerra desmascara o indivíduo e põe em relevo seus diferentes aspectos, dos quais alguns se nos afiguram bons e outros maus. E, como é natural em tal situação, comovia-me até as lágrimas com a mistura de leveza e ferocidade que os caracterizava a todos. A aquisição da dominação física, conquanto produza um enrijecimento fatal, expõe o homem ao jogo diabólico de forças do definhamento: pude observar o germe da corrupção se desenvolver por igual nas suas diferentes personalidades. Muitos deles, sem o saber, já estavam a caminho do inferno de Tuol Sleng (que ainda não existia), onde em breve seriam convocados a exercer os seus talentos, tanto mais impiedosamente quanto já então lhes violavam a consciência no M-13. Dir-se-ia que o acordo estabelecido entre eles tinha algo de insolitamente natural, de inelutável, algo que derivava de uma ordem que os aproximava e, a um só tempo, ultrapassava-os.

Igualmente, todas as leis ordinárias haviam sido abolidas. Estávamos no centro de um mundo de realidade exorbitante, noutro âmbito do direito, noutro nível de humanidade. Obcecados pelo essencial e despojados de tudo, a sobrevivência diária tornava-se ali o maior imperativo e impunha, para escapar ao risco do desespero e da loucura total, o desdobramento de uma estratégia singular: primeiro, comer. A insuficiência obsidiante das refeições era a sede de todos os pensamentos: cada qual mantinha uma relação sagrada e silenciosa com o alimento. Havia, de resto, algo absolutamente divino, bem consideradas as coisas, naquela dádiva que se fazia a todos — por insignificante que fosse —, quando se sabia que estávamos fadados a morrer. Os prisioneiros esfomeados não se sentiam alvo de nenhuma discriminação: sabiam que a subalimentação vergava seus ombros e lhes dava a medida de sua irresponsabilidade, de sua inutilidade e, ao mesmo tempo, da gravidade da vida. Para os guardas, inversamente, apenas a ideia de poder comer bem, ou mais, infundia-lhes uma sensação de poder.

Por fim, Deuch mandou que eu fosse preso à parte, junto da entrada, acorrentado ao pilar de um esquálido abrigo pegado a uma clareira na mata cerrada. A corrente, que a princípio quase não me incomodava, pareceu-me um signo humilhante, um símbolo, mais do que uma precaução, tanto que eu me sentava sobre ela para dissimulá-la. O lugar era pouco maior do que um lenço de bolso, embora três flores brotassem ali, germinadas sabe-se lá onde. Desse nicho, que amiúde reaparece nos meus sonhos, percebia uma variedade de ruídos, odores, gorjeios distantes, curiosos animaizinhos que rondavam o sítio. Assim apartado, podia ordenar meus pensamentos mais calmamente do que amontoado aos outros prisioneiros. O discernimento dos sons assumia a forma de estranhas figuras musicais. Outrora, o espetáculo das formas da natureza, a exemplo de outras tantas fontes de vida, tinha me revigorado as forças. Ali, porém, a visão que descortinava a riqueza do exíguo terreno que me rodeava era um alumbramento, e a iminência do perigo, a que me sabia fadado, acrescentava ao prazer das coisas que via uma nova complacência para com a constância de suas formas delicadas e a evidência de sua fragilidade. Estranho fenômeno: uma ligeira mudança de posição, um desvio do olhar, uma diferença de poucos graus bastava, se não para provocar o encantamento (pois a aflição me consumia), pelo menos para insinuar ao meu coração algo que renovasse a esperança. Em dias como esses, aprende-se muita coisa, a que o sofrimento vem acrescentar uma experiência insuspeitada. Acabara de chegar como um cão amedrontado, e eis que a névoa cerrada que me obscurecia se dissipava ante o quadro de uma natureza que meus olhos iluminavam como projetores, a grande distância rente à relva. Imagens como essa ficaram gravadas em mim. Revejo a luz encantadora filtrada pelas altas ramagens, brotos subindo da orla da mata entrelaçando-se às hastes. Espantoso como o fio da vida forceja por seguir seu curso, mesmo em meio à desolação! Sabe-se lá por que guardei a lembrança indelével de uma jovem figueira aprumada sobre um declive, espalhando ao redor de sua antiga base uma fina cabeleira de radículas róseas.

A quem não aconteceu, quando tudo vai mal, vislumbrar uma aura que exalta a realidade e sentir a vontade de deslizar sobre a superfície das coisas? Passei a olhar tudo do ângulo pelo qual gostaria de me ver, e como se meus olhos já estivessem habituados a tal refração, meu olhar não tardou a decompor, a especificar, a modificar o espaço circunvizinho. Tudo o que via sem examinar, resvalava sem poder tocar, observava sem reconhecer, ocasionava aos meus órgãos e mesmo aos meus pensamentos um surpreendente apaziguamento. Estava otimista quanto às formas, sem que o pessimismo me tocasse a fundo. Naquela altura, pressenti por indícios que a parte mais atraente da vida assentava sobre a repetição das horas, reduzindo-se a sua duração ao presente ideal que surgia miraculosamente do fundo da minha existência tolhida. A natureza me devolvia seus estímulos acenando com palavras tocantes que se gravavam na minha alma, e sobre mim choviam as chispas do seu júbilo incontido. Depois, vi-a dançar, acercar-se a mim, ofertar-me um florilégio de novas sensações, e submetendo-me aos seus encantos, notei que ela me incitava a não mais refletir, a não mais chorar, a cuidar unicamente daquilo que poderia me consolar, no intuito de afastar os temores que me constituíam — a não ter olhos senão para as alegrias do momento. Substituir a horrível dissonância do presente por alvoradas radiantes e auspiciosas, e, sem muito refletir, consentir num casamento de conveniência nos recantos mais atemporais do meu ser. Aceitar viver a vida dupla que nos leva a indagar se não seríamos dois, se um miserável bufão não teria vindo tomar nosso lugar para nos animar o corpo tão cheio de necessidades, que a todo instante sentimo-lo prestes a se vender…

A existência nos desvia de tudo o que nos atemoriza, sem outra consideração, sem discriminar nossos temores; o medo que nos inquieta daquele que nos reanima e nos força a viver: o medo do amor, que a todos estremece. Perder um ente querido. Não mais tomar Hélène nos braços todas as noites e fazê-la adormecer, não vê-la mais entreabrir os lábios e entrecerrar as pálpebras…

Dentro em pouco, não ouvia mais o som das lágrimas de Hélène. Onde, pois, queria eu me refugiar? Minha vida haveria de ser apenas aquilo que eu percebia, não mais o que sabia? Minha sensibilidade haveria de se distrair com tudo o que a vida tinha de belo? Nunca antes tinha podido observar a natureza de tão perto e com tamanho vagar. No entanto, se tivesse que contemplar tal beleza através de grades, que pelo menos não fossem as do respiradouro de uma prisão. Rompi imediatamente com os seus dúbios encantos, desamparado diante da perspectiva de que, neste mundo ignóbil, mesmo o sofrimento podia ter fim.

*

Uma vez relaxada a tensão, Deuch veio trocar algumas palavras comigo no meio do dia. A princípio, minhas falas tinham permanecido estanques, não consentindo em formar sentenças, como se devesse sondá-lo instintivamente, ao modo como os animais pressentem os homens e lhes decifram os desígnios. De perto, suas feições podiam ser terrivelmente assustadoras. Ainda não sabia que eram as de um homem que vivia entre demônios e cadáveres, aqueles o impelindo à ação e estes ao esquecimento. Como para fornecer garantias de veracidade às minhas afirmações, particularmente no tocante às minhas atividades de pesquisa, e ao mesmo tempo para refutar as suspeitas de que eu teria trato com agentes da CIA e da KGB em Saigon, redigi várias "declarações de inocência" e preenchi, com a permissão de Deuch, as páginas de um caderno escolar que pude conservar comigo: recordações de infância, desenhos, poemas, observações sobre o budismo, mantras, curriculum vitae. Apenas isso, nenhum registro dos acontecimentos cotidianos, nenhuma informação, exceto no último dia, quando tive a ideia de lhe enviar livros e remédios, consignei as letras do seu nome em khmer de trás para a frente, sob uma forma indecifrável, a fim de não esquecê-lo (SA-MA-DA--U-CA). Hoje, se me ocorre abrir esse caderno cujas páginas amarelaram com o tempo, sinto imediatamente uma curiosa espécie de apreensão e de esgotamento físico, o que tem me impedido de relê-lo.

O que contava, tinha insistido Deuch, era a declaração de inocência: "Se você é inocente, é preciso dizer isso. Escrever! Faça a sua biografia". Era tão simples assim? Ele parecia convencido disso, e tal particularidade tinha me desconcertado; era como uma janela através da qual relanceava o fundo de um enigma que não me era permitido decifrar. Afinal, a coisa me pareceu risível: como dar crédito a esse documento, no qual poderíamos pôr o que bem entendêssemos, sem precisar provar o que asseverávamos?

Acabei reconsiderando esse juízo um tanto apressado — perdi a empáfia, mas somente muitos anos mais tarde. Hoje, não rio senão da minha própria suficiência. No intervalo, aconteceu-me incorporar uma realidade mais profunda: não há sociedade que não dite para cada um os termos de sua biografia... A verdade desnuda o indivíduo para nada, enquanto uma elaboração justa e refletida sobre bases convencionadas deixa-lhe a liberdade de construir sua própria imagem e mostrar suas credenciais.

Entre o Khmer Vermelho, havia algo tácito: ninguém deveria revelar o que quer que fosse, nem contar sua história pessoal de outra forma que não a esperada. Em tais condições, as declarações de inocência e as de culpabilidade formavam par, cada testemunho prefigurando uma proclamação, adaptada e apropriada, daquilo que determinado indivíduo se achava no direito de divulgar sobre si mesmo. Daí a intervenção sistemática do algoz, cuja missão de examinador — ao contrário do que julgava, com ingenuidade — não visava, em absoluto, a obtenção de confissões verazes, mas na forma devida.[2]

Na medida em que os crimes que meus acusadores poderiam me imputar só existiam de fato na sua imaginação, a violência impor-se-ia como o único meio de validar-lhes as suspeitas. Posto nessa situação, não me restaria alternativa senão me voltar para o meu interrogador e ouvir as sugestões que ele me faria enquanto se ocupava diligentemente do meu caso, segundo as expectativas induzidas de um questionário elaborado nas altas esferas. Assim, eu lograria exumar da minha memória lembranças precisas e congruentes, perfeitamente adaptadas a acusações predefinidas, e nas quais eu mesmo, num derradeiro e apaziguador impulso, acabaria por crer.

O frenesi dos dirigentes não se limitaria à fabricação de confissões de inimigos. Após 1975, sua ação se exercerá concomitantemente sobre os relatos autobiográficos dos próprios revolucionários (os novos *bem-pensantes*), cuja confecção se tornaria uma rotina nacional que mobilizaria centenas de milhares de pessoas. Para que fossem válidas, todas as biografias, cuja forma assemelhava-se à das confissões, deveriam satisfazer certos requisitos táticos, os quais eram continuamente modificados em função das necessidades do momento. Com efeito, Pol Pot afirmaria que "as biografias devem ser boas e satisfazer as exigências [do partido]".

Todavia, por ocasião dos interrogatórios, o tom com que Deuch se dirigia a mim permanecia neutro. Apesar de sua pouca idade, era capaz de perceber um a um os subterfúgios próprios a todos os homens. Ele causava a mesma impressão produzida por aqueles que exploraram as regiões mais perigosas da existência, onde não se deve deixar em momento nenhum o inimigo impor sua lei. Em sua batalha pessoal, não obstante, ele recorria a métodos que tinha abstraído dos mecanismos ordinários da violência. Deuch nunca se apresentou a mim sob os traços do adversário. Às vezes, seu olhar chegava a me tocar de leve, um olhar meio grave, meio doloroso, mas no qual toda debilidade havia sido absolutamente dominada. Sua voz, a um só tempo firme e pouco audível, explorava as palavras, embora o que dissesse nunca fosse ríspido ou taxativo. Parecia aproveitar essas ocasiões para me observar com olho clínico e assim obter uma visão mais nítida dos seus pensamentos e do progresso dos meus. Em lances assim, sempre sutis e ponderados, difíceis de aparar, o homem só movia peões aparentemente insignificantes. Tinha a impressão de que ele se insinuava de forma suave em tudo quanto eu afirmava para me descobrir, em seguida, sem perder um segundo, decifrava ao seu modo, sob a forma de ideias claramente elaboradas, os indícios que eu lhe fornecia, muitas vezes de maneira bastante confusa. Deuch procedia por deduções rigorosas, com a calma de uma démarche científica, passando ao verdadeiro somente após tê-lo distinguido do falso, e não raro após ter se certificado do meu assentimento; mais adiante, porém, jamais retornava ao ponto. Fazia-me, a princípio, uma impressão reconfortante e logo aterradora, pois tal modo de proceder também poderia levar a algum lugar. Aonde? Nenhum de nós dois fingia ignorá-lo.

Nesse sentido, a sua função consistia não tanto em penetrar nos meus segredos para descobrir meus planos, mas decidir minha autobiografia: a do inocente ou a do culpado.

Embora Deuch se sentisse espicaçado com minhas respostadas frequentes, o jovem chefe que ele era não perdia o sangue-frio e se mantinha tecnicamente no terreno do inquisidor. Eu podia ter certeza de que tudo quanto dissesse seria rapidamente dissecado e ponderado como um sintoma da minha duplicidade, dos meus supostos talentos de espião. Em face da Angkar,[3] as únicas respostas aceitáveis da minha parte só poderiam significar uma passagem às confissões. Em tais circunstâncias, que Deuch se ativesse invariavelmente a medidas contemporizadoras era algo miraculoso, mas também me parecia demoníaco. Visto desse modo, entendia que seu engajamento na revolução se tornara constitutivo de toda a sua personalidade, representando uma contribuição pessoal para a resistência que ele queria mostrar à vista de todos e não somente dos seus pares, sem jamais voltar-se para os valores morais da interioridade — carreira para o abismo na qual soçobram os homens que encontraram para sobreviver a coragem que lhes faltou para se deixar morrer. O mais terrível para aqueles que escolheram viver era que cada qual finalmente se viu compelido a lutar sozinho, que a liberdade almejada não se achava em nenhum dos partidos que abraçara.

Ao mesmo tempo, sentia que Deuch queria se aproximar pouco a pouco de mim. Dava voltas em torno do estranho indivíduo transplantado que eu parecia aos seus olhos. Daí, talvez, o tratamento intensivo a que era submetido, o exame meticuloso das minhas declarações, as investigações sobre minhas inclinações, meus interesses, meus antecedentes, tudo cruzado com informações supostamente derivadas de outras fontes, às quais ele aludia com meias palavras. Para mim, em todo caso, essas averiguações representavam a única alternativa que me permitia ter esperança. A tal ponto que, se quisesse quebrar-me, a manobra mais diabólica ao seu alcance teria sido a ameaça de privar-me dos interrogatórios.

Deuch não mostrava nenhuma hostilidade para comigo. Talvez, quando se devassa a vida de uma pessoa, parcela por parcela, bem depressa ela se nos torna familiar. Tomamos conhecimento de sua história, da qual muita coisa nos proporciona um conhecimento difuso a seu respeito, bem inferior, em todo caso, ao conhecimento exato a que é preciso chegar para penetrar seus segredos. Era por isso, de resto, que aquele homem mantinha absoluta reserva. Sem dúvida, era essa reserva que me fazia sentir, a cada instante, o hiato fundamental, incompreensível ao olhar, ao gesto ou à aparência, porém definitivo entre ele e mim. Nisso, era preciso faro mais do que inteligência: havia, em sua pessoa, a afirmação de algo impossível de definir, como um recuo que eu podia compreender. Achava extraordinário não me sentir "sua" vítima em momento algum. Que aquele jovem "especialista", ao mesmo tempo que exercia ação tão voluntarista contra o imperialismo e o expansionismo, soubesse permanecer conciliador comigo (apesar de tudo o que eu representava), parecia-me às vezes algo maravilhoso e sublime. Entendia que eu tinha sido entregue a ele e, nessa arbitrariedade, sua responsabilidade pessoal simplesmente não estava envolvida; a premissa da minha libertação não estava absolutamente em jogo para ele. Supunha, às vezes, que existia entre nós a mesma relação desapaixonada e gratuita que se verifica entre os dois termos de uma relação de sentidos opostos. Ao contrário dos outros prisioneiros, percebidos metodicamente como inimigos pessoais da revolução, a discriminação entre Deuch e mim não resultava de uma oposição de natureza. De certa maneira, sentia que naquele conflito, que tinha erguido uma barreira entre nós, eu também estava do seu lado pela autenticidade, pela franqueza com que nos recusávamos a abrir mão das nossas respectivas opiniões. E, embora fosse forçoso constatar que nele o elemento moral não existia mais da mesma forma que em mim, notava que ele se mostrava pronto a reconsiderar todas as suas suspeitas, sem renegar uma só de suas convicções.

Também penso que Deuch, do fundo de sua selva, tal como os seus superiores, subestimava a semelhança das forças americanas com os gigantes bíblicos, e isso talvez o tornasse um pouco mais conciliador. Eram também bastante curiosas as discussões que às vezes rompiam entre nós, quando eu refutava os argumentos que ele tirava das eternas ladainhas também entoadas pelos comunistas franceses. Deuch pretendia agir em prol da humanidade. Sua dialética glorificava pomposamente a Angkar. Na realidade, a visão antecipada de um cataclismo social universal ocupava-lhe a mente e o impressionava muito mais do que as mazelas do interior do Camboja, em razão das quais, no entanto, de início ele tinha se revoltado. O que ocorria à sua volta não o assustava tanto quanto a visão de um futuro aniquilamento, que ele antevia num espaço repentinamente esvaziado de seres humanos, tomado apenas por soldados vindos de outros lugares, e tal sorte de pintura irradiava de seu rosto um terror fascinante. Via-me, diante dele, como espectador de uma guerra de tempo imemorial, via desenrolar-se nos seus olhos o tecido de senso e contrassenso da história, tal o avesso da grande tapeçaria que nos mascara a verdade sobre os homens.

Com o tempo, através do diálogo que tinha se estabelecido entre nós e das discussões bastante animadas que tínhamos sobre religião, educação, política — é verdade que, em matéria de ideologia, quase sempre nos contentávamos em repisar os mesmos lugares-comuns —, Deuch terminou por se convencer da minha "inocência". Essa convicção, corroborada pelo testemunho dos meus colegas e pela averiguação das minhas afirmações junto a informantes que ele teria nas aldeias de Angkor, foi causa de um conflito entre ele e Ta Mok,* o chefe local. Tratava-se de marcar

---

* Ta Mok (1925-2006). Nome real, Chhit Chhoeun, apelidado Nguon Kan e Ta 15, cognominado "Carniceiro". Membro do comitê central do Partido Comu-

minha execução sem demora, visto que todo prisioneiro devia ser eliminado após produzir a confissão. Todavia, diante da inconsistência das acusações feitas contra mim, e talvez também porque uma espécie de interesse amical surgira entre nós, Deuch tinha se resolvido a não cumprir as ordens, nem permitir que levassem a cabo algo que lhe parecia injusto. O assunto foi encaminhado para o Comitê Central Permanente, dirigido por um tal Saloth Sâr, o futuro Pol Pot. As recomendações de Ta Mok não foram acatadas. Contra toda a expectativa, fui libertado.[4]

A fraternidade que nos aproximou brevemente durante as derradeiras horas de cativeiro e, mais tarde, no caminho de volta, permanecerá marcada por uma sinceridade, uma profundidade e uma seriedade que a muito poucos é dado conhecer, a não ser que se exponham aos mesmos riscos. Foi como um pacto contranatural, porém selado em segredo na luta e no medo. Estava livre, sabia também que a minha sorte era mais invejável que a dele. Antes de nos despedirmos, em vários momentos de silêncio, acho que me comuniquei com ele melhor do que com todas as palavras já ditas. Afinal, ele retornou para junto dos meus ex-colegas de cativeiro a fim de continuar seu trabalho, sem outra perspectiva que não a de ser arrastado pela mesma catástrofe. Veio-me a visão de um desses carnívoros que habitam a margem dos rios agitando-se num banco de areia em meio a um magote de presas, enquanto, a grande distância, a aba circular de uma rede começa a cair sobre eles.

---

nista do Kampuchea (PCK), 1963; secretário da Zona Sudoeste, base de sustentação militar do regime de Pol Pot, 1968; segundo secretário interino do PCK, abaixo apenas de Pol Pot e Nuon Chea, 1978. Líder da ala camponesa do movimento guerrilheiro, em 1997 rebelou-se contra a liderança de Pol Pot, a quem prendeu e submeteu a julgamento. Único membro da cúpula do Khmer Vermelho que se recusou a se render ou a entrar em acordo com o governo de Hun Sen. Detido em 1999, aguardou julgamento na prisão até 2006, quando veio a falecer. (N. T.)

*

Isto pode parecer incrível: ter suportado 77 dias de excessivo medo (ser executado a golpes de pá e deixar Hélène sozinha no mundo), além de experimentar um sentimento de culpa agravado pela paranoia, e sair ileso de tudo. Quero dizer, desprovido de considerações sobre aquilo que tinha vivido. Naquela altura, nada além de impressões superficiais, umas poucas reflexões, nenhuma ideia explorada a fundo, apenas a noção de ter sido vítima de um acidente estúpido, cujas sequelas implicavam o risco de estragar a minha vida, pondo fim às minhas pesquisas na Escola Francesa do Extremo Oriente (École Française d'Extrême-Orient, EFEO). Quanto ao futuro, porém, nenhuma repercussão a temer, nada de reincidências traumáticas, nenhuma conexidade passível de um dia me atingir por ricochete.

Relembro, todavia, o turbilhão de pensamentos que me acometiam na obscuridade. Ora, aquilo que percebia, eu o sentia na realidade não como um fenômeno limitado, em absoluto, mas como sintomas ou primícias de um acontecimento momentoso que parecia ter marcado minha vida e cuja significação ia muito além de sua importância intrínseca e de seu alcance aparente, embora fosse tão pouco rematado que jamais viria à luz.

Como pano de fundo, vinha-me a lembrança de um fazendeiro do Vietnã do Sul (Jean Delhomme) sequestrado pelos bo doi,* que o mantiveram amarrado e vendado por 21 dias. Eu o tinha encontrado pouco depois disso. O calvário por que passara me obrigou a baixar os olhos, a ponto de projetar nele uma lucubração de forças, mistérios e iniciações, perto da qual o meu pró-

---

* Soldados uniformizados das forças regulares do Exército do Vietnã do Norte, durante a Guerra do Vietnã (1950-75), em contraposição aos guerrilheiros vietcongues, membros de unidade armada irregular e clandestina. (N. T.)

prio sequestro teria me deixado incólume. Já a minha provação não contivera nenhuma glória, nenhuma revelação, e a minha libertação havia sido manchada pela desonra: ter regressado sem os meus dois companheiros. À época, as vítimas não eram alertadas para um provável traumatismo vindouro, não para protegê-las, mas para lhes atenuar o impacto. Quanto a mim, de resto, o abalo só seria sentido trinta anos mais tarde, quando soube que Lay e Son tinham sido executados. Que impacto pode ter a morte de tantas outras vítimas em comparação com a de dois amigos, pela qual nos sentimos culpados?

O mais jovem era um rapaz discreto, amável e talentoso que eu havia recrutado no Templo de Prata por ser bom desenhista; e eu era muito afeiçoado ao outro, que tinha conhecido ao chegar ao Camboja. Desnorteado de chofre por tantos e tão diversos modos de ser, contara com ele para dar meus primeiros passos no recesso das aldeias, mas também para provar meu temperamento, meu modo de pensar, meu saber adquirido de jovem francês, e verificar o que poderia aproveitar disso tudo naquele novo mundo. Minha vida começava, tínhamos a mesma idade e, por seu intermédio, eu podia simular, como num jogo, situações improváveis das quais sempre me via saindo de cabeça erguida, à imagem dos camponeses empedernidos dos quais tanto queria me aproximar. Quando conversávamos, dizia-lhe que havia certas coisas que eu jamais faria...

No sopé dos Cardamomos,* porém, tentar ainda por cima obter a libertação de Lay e Son usando o último trunfo da minha recusa em partir sozinho teria sido uma cartada um tanto presunçosa. Ao ponderar minhas chances, Deuch me deu a entender isso inequivocamente. O risco seria comprometer minha própria

---

* Phnom Krâvanh, cadeia de montanhas localizada no sudoeste do Camboja. (N. T.)

libertação, remetendo para Ta Mok a decisão sobre o assunto. Se me permitiam voltar, era devido à minha condição de estrangeiro. A revolução necessitava que Lay e Son permanecessem ali onde era o seu lugar, isto é, na resistência armada. Nesse ponto, teria preferido que me batessem a ter de tomar a decisão de partir sozinho, incapaz de continuar blefando num jogo em que só enganava a mim mesmo. Assim, refiz sozinho meus passos, retirando-me rapidamente e sem dizer nada, após ter ido me sentar por um momento perto deles, com a súbita pusilanimidade do indivíduo sem força que o anúncio da libertação fizera de mim. Tal como a libertação de Sarah, a deles punha em risco a minha; nessa permuta deprimente, minha vida se tornava mais preciosa que a deles. Odeio esse momento da minha existência, sem o qual teria podido viver serenamente e com bastante sobranceria para continuar a julgar meus semelhantes. Quando nos despedimos com um último aceno à distância, o espetáculo que oferecia de mim mesmo era tão lastimável que, por um instante, quis realmente acreditar — como eles próprios estavam convencidos disso, sem se atrever a me dizer — que tal partida, sob a capa de libertação, era tão só a minha última viagem; que, chegada a minha vez, eu caminhava para a morte certa.

Naquele tempo sem norte a que me fez regredir o Khmer Vermelho, naquele espaço onde nada acontecia, onde a morte chegara tão perto que todos a tinham em conta para as menores decisões — saber, por exemplo, se valia a pena perfurar um furúnculo —, era como se eu tivesse vivido no interior de uma sociedade secreta, com seus castigos, mistérios e lições. O penitente fazia ali a aprendizagem do silêncio, o silêncio mortal que me invadia desde a adolescência e que eu tornava a encontrar agora com um gosto amargo de déjà-vu.

Quanto a Deuch, passei a ter dificuldade de falar dele. Acho mesmo que, imediatamente após a minha libertação, o homem deixou de existir para mim — ou melhor, não passara a existir ainda —, exceto como uma engrenagem entre outras com que me deparara num mundo de autômatos do qual ele não podia mais escapar. Mas sobre o homem em si, absolutamente nada!... Sobre a personalidade, as contradições, os desvios e os sonhos de Deuch, como também sobre as galinhas minhas amigas, o espanto das fossas de dejetos, os jovens guardas a quem devia prestar contas, a mortificação das cadeias, o meu dileto poste, os meus soluços, a aranha-caranguejeira, a menininha sob a minha proteção, as rajadas de calor feito golpes de sílex no ar, meus perigosos movimentos de impaciência, a fome que mobiliza o espírito, o pio incisivo do papa-figo, a ereção que me despertou no meio do sono, a árvore chhlik de tronco branco, as noites de tormenta através dos bambus, meus acessos de cólera, a irrupção de pequenos morcegos ao anoitecer, o ruído longínquo de um caminhão, a indiferença dos aviões, a palhoça dos guardas, os surtos de ansiedade, os tormentos do desespero que me seguia por toda a parte e para o qual eu não encontrava alívio, e o pavor súbito — do qual jamais me recuperarei — quando descobri que o homem que se empenhava em salvar minha vida era o mesmo que se esfalfava em surrar. Nada!... Sobre isso, nada também... Nada.

Na véspera de minha soltura, como não estivesse mais totalmente constrangido a se calar na minha presença, Deuch pôs-se a falar com menos prudência, como quem finalmente descobre seu pensamento a uma pessoa que não voltará a ver, sobre um assunto porventura tão importante que jamais o tinha confidenciado a alguém. Deuch consentiu em explicar-me as coisas friamente, mas com sinceridade, sem reticências, sem mostrar rancor a alguém em particular, aludindo tão somente a uma tarefa de que precisava se desincumbir, com o ar de quem dissesse, com um gesto de mão: "Pois então, é isso mesmo! Você pensava o quê? Mas, claro, é minha função…". Em suma, o jovem chefe com quem conversava diariamente, a quem via fazia meses, de quem dependia a minha vida, a quem procurava sondar espreitando longamente, tinha se externado sobre a necessidade de surrar ele mesmo os prisioneiros.

Todavia, as confissões se deslocam conforme o olhar que cada um lhes dirige. Torturar, aquilo para ele fazia parte de um todo. Não era senão pôr em prática o fervor do seu engajamento mediante a adequação do ato à grandeza da intenção revolucionária. Tal era o preço da vitória contra o imperialismo. Ele me fez compreender isso com poucas palavras, sem fazer tempestade em copo d'água, sem negar o horror de uma tarefa que, no seu dizer, ele não conseguia cumprir senão "perdendo o fôlego", literalmente.

Trinta e oito anos mais tarde, intimado pelos juízes a esclarecer o que me dissera sobre tormentos infligidos aos prisioneiros,[5] Deuch recordou que, em seu primeiro ensaio como torturador, ele fora obrigado a parar no meio, acometido por um acesso de vômito, exaurido pelo esforço despendido na ação.

Eu havia relatado o episódio por escrito sem intenção moralizadora: naquele dia, 24 de dezembro de 1971, eu estava no campo M-13 quando, ao cair da noite, sucedeu algo que me gelou o sangue. A essa altura, eu já havia criado um vínculo com o jovem chefe. Confesso que precisei de muito exercício para me habituar a vê-lo desse ângulo.

A ideia de que ele mesmo pudesse ser um carrasco tinha se insinuado ao meu espírito várias vezes, mas logo me parecera de uma completa insensatez. Todas as vezes que ele se deixara surpreender ou se descobrira diante de mim, o que pude intuir dele tinha me convencido do contrário. A julgar pelas responsabilidades que Deuch assumira como elo essencial da cadeia que ligava cada prisioneiro à Angkar, dir-se-ia que ele pusera a serviço da revolução somente a inteligência, a habilidade na arte de sumariar fatos e redigir relatórios. A violência contra os prisioneiros não era de sua alçada.

Todavia, junto da fogueira que crepitava à nossa frente naquela noite, enquanto me invadia a proximidade de uma libertação na qual custava crer, as palavras saídas de sua boca, como quem deixa escapar a chave de um enigma, fizeram-me desviar os olhos para lampejos de todo inéditos. Lembro-me da fragilidade de tais palavras, quando sua voz se alterou para que eu ouvisse simultaneamente seu grito e o de suas presas. O homem pretendia restituir-me a dor das vítimas para que eu discernisse melhor a sua. Porém, toda a minha ojeriza de repente se voltou para o seu sacrifício como algo que eu já havia experimentado anteriormente. Entre as brasas acesas e as chamas que ardiam diante de nós, o calor aboliu todo tipo de demarcação e nos aproximou. Naquele serão de Natal, o céu inteiro desabou sobre a minha cabeça. Vi-me regalado com uma panóplia de algoz que me servia como uma luva... Sabia-me capaz de cometê-los, mas a consciência dos meus crimes permanecia subjacente, não era mais eu, tudo o que via era uma imagem, um reflexo. Contudo, eu não tinha decidido fugir e matar a pedradas o primeiro que atravessasse meu caminho, fosse mesmo uma criança?

No intervalo de poucos segundos, o espaço que me separava do fundo de mim mesmo voou em estilhaços: confrontado com o brusco desenlace, compreendi que a humanidade não era exclusividade de ninguém. Outro homem ainda seria o meu semelhante, até no abismo. A *permanência do homem*[6] apareceu-me então no que de pior se fazia sobre a terra; e a questão que se punha, no fundo, era a do arquétipo que reproduzia continuamente tal permanência nas miríades de indivíduos.

É claro que eu era a única pessoa a quem Deuch poderia dizer tais coisas, talvez para constatar sua honestidade a salvo de riscos, mas também para me desafiar, quando me via crer tão facilmente que a violência não era senão o apanágio dos brutos. É certo que seu auxiliar imediato correspondia muito bem a esse perfil: um tipo atarracado chamado Soum,[7] turrão, impermeável aos sentimentos alheios, em quem a obtusidade se unia à natureza brutal. Diante da minha franca ingenuidade, o jovem algoz resolveu me provocar de modo tão direto e carente de tato, tão terrível ao mesmo tempo, que eu arrancava os cabelos de desespero diante da simples ideia de que em seu lugar eu poderia fazer o mesmo.

Sem dúvida, a confidência era um segredo apenas para mim, e por isso mesmo parecia insensata. Recebi-a, não obstante, como uma prova de confiança. Todavia, essa franqueza da parte de um homem que se perdera a ponto de reconhecê-lo, e, mais ainda, de dizê-lo, me desconcertou de vez. Ficamos sentados em silêncio, envolvidos pela fumaça da fogueira; o crepitar dos últimos tições já não abafava os ruídos da noite candente. Deuch tinha conservado uma expressão de seriedade que lhe era peculiar, resultante da diferença entre o seu olhar e os outros olhares, e isso me dava agora uma ideia inteiramente diversa do que ele tinha de singular: a presença de um segredo que não lhe permitia mais ver o homem como eu podia ver. Suas palavras aterradoras, ditas sem rodeios, no tom usado para aludir à fatalidade de uma lei ou à evidência de algo que não nos deixa alternativa senão aceitar-lhe a injustiça, repercutiram em mim com um acento de amargura tanto maior quanto o sentido de seu testemunho se fazia mais próximo: a vida nos obrigava a jogar com as contingências, cada um de nós tinha de viver expulsando o remorso da alma, convivendo com o egoísmo e a generosidade, o idealismo e o cinismo, a honestidade e a mentira, o cruel e o sensível, a morte de outrem e a própria, equilibrando-se continuamente entre dois perigos, um tendendo a sobrepujar o outro. Diante de Deuch, meu espírito trabalhava por empreitada, como diante de uma fechadura de combinação: estranho, mal a toquei e pareceu que ela se tornava proporcionalmente mais simples, senão quando pressenti que aquilo que tentava abrir era o meu próprio coração — eu mesmo —, e que o segredo de Deuch era um eco daquele que havia em mim.

Aquele instante nos revelou a nós mesmos e ao outro, como se somente pudesse haver conhecimento de si mediante um reconhecimento. Entrei numa sintonia tão atroz com Deuch, duplicada por tamanho sentimento de identidade, pertença, reciprocidade e responsabilidade comum que me perguntei se não estaria correndo algum risco em não pedir socorro, se não incidia numa espécie de cumplicidade por não dizer nada, por não me insurgir, por não ter o ar de condenar atos que, de súbito, receava pudessem ser os meus.

*

De volta a Phnom Penh, após rever Hélène e minha família com uma alegria que ainda sinto, de fato imaginei que essa história poderia deixar sequelas, mas não toquei mais no assunto. A bem dizer, o que mais me preocupava era a possibilidade de ser reenviado para a França. Deixar o Camboja seria um revés para mim. Era, de resto, o que o Conservador de Angkor tinha previsto, como eu esperava. "Para você, não há mais nada aqui." Escrevi à EFEO, relatando ao diretor o que havia se passado. Expliquei-lhe que, à mercê dos meus carcereiros, tinha modificado minha problemática de pesquisa e resolvido me dedicar aos textos em língua khmer. Pedia-lhe que continuasse a depositar sua confiança em mim. Jean Filliozat me respondeu prontamente dizendo, em duas palavras, que havia regularizado a minha ausência. "A ordem de missão está no seu dossiê." Pela primeira vez, senti que existia no seio da Escola, que era admitido em suas fileiras, que pertencia àquela família de pessoas que tanto admirava. Dane-se a guerra e o Khmer Vermelho, aquele foi um dos melhores dias da minha vida!

Entretanto, descontadas as garantias do lado francês, não se podia descartar a possibilidade de uma revanche por parte dos militares de Phnom Penh. Era possível que eles deliberassem pela minha expulsão com segundas intenções de retaliação contra a França, favorável aos revolucionários, ou a pretexto de que eu tivesse pactuado com os comunistas em troca da liberdade. Com receio de ser novamente tomado por suspeito de espionagem, eu próprio me dei o trabalho de traduzir os documentos que a guerrilha destinara por meu intermédio ao governo francês, tomando para tanto precauções de ladrão, recusando-me a fiar na discrição dos intérpretes cambojanos contratados pela embaixada.

No plano individual, não sofri nenhum transtorno imediatamente após o cativeiro. Contei o que havia se passado sem problemas, tanto para meus familiares quanto para o encarregado de negócios da embaixada e para as autoridades militares cambojanas. Um alto funcionário do gabinete de Lon Nol fez questão de me interrogar pessoalmente, com muita deferência, na presença do cônsul. Simplesmente, quando se tratava de evocar certas passagens, de esmiuçar este ou aquele pormenor ou recordação anódina, eu relatava sem dificuldade o que tinha percebido, embora não pudesse revelar nada de pessoal. Uma espécie de inibição do pensamento parecia filtrar tudo o que me vinha do íntimo. Dessa forma, em questão de poucas semanas havia praticamente perdido a lembrança das humilhações sofridas, da desonra e até do nome de Deuch. Sentia-me ligado a ele, devia-lhe meu regresso, minha vida, tinha consciência disso. Ora, havia muito mais que isso, mas não me ocorria como explicá-lo, não atinava com um viés por onde sair das minhas profundezas e comunicar algo tão recôndito, tão confuso, sem me perder em intermináveis trajetos que, à míngua de forças, eu não conseguiria percorrer até o fim. Sentia, antes de mais nada, um enorme cansaço. No meu íntimo, ficara da lembrança de Deuch um medo essencial, incomunicável.

*

Minha expatriação no Camboja resultou a princípio de uma forma de insociabilidade combinada a um forte desejo de exílio, como se a felicidade devesse vir de um país longínquo. Minha partida refletia o estado de espírito com que passara a encarar as coisas desde a morte do meu pai: pôr-me a caminho, avançar na mesma direção o mais longe possível, mesmo com a confiança desde logo comprometida.

Ao mesmo tempo, sentia que uma nova e intensa necessidade da escrita presidia minha ambição de realizar um trabalho de pesquisa: não somente aquela que solicita o etnógrafo a anotar, a consignar, proveniente de nossas faculdades objetivas, mas também esta que trazemos dentro de nós e que se afigurava cada vez mais como uma representação do meu pensamento. Na aldeia, foi-me necessário distinguir de saída entre os dois campos do conhecimento, o material e o espiritual, enquanto no caso do estudioso tais campos aparecem separados mais raramente. Ambos se adequavam a uma posição do espírito e a antecipações comuns que se completavam em diferentes planos: aqui o indício de uma hipótese, ali a imagem ou a palavra inesperada, a seguir as coisas mudam de coloração, desvendam-se suas correspondências. Até então, achava que era preciso primeiramente pensar para escrever. Súbito, ocorreu-me que devia primeiro escrever para então pôr-me a pensar, como se o conhecimento de si derivasse lentamente ao correr da escrita.

Escrever tornou-se para mim um trabalho de mosaísta, mas também o mais próximo do campo de investigação e das incursões ao terreno, a verdadeira dificuldade consistindo na adequação entre o que logramos ver e o que podemos reproduzir. Lançar-se atrás da primeira intuição, olhar de modo natural e espontâneo, ouvir, sentir e, por fim, chegar a algo bem distante daquilo que tínhamos suposto a princípio, porém mais conforme ao que vamos pensar em seguida. Escrever suscitava questões, negava as evidências, acercava-me a mim mesmo enquanto me distanciava outro tanto, num espaço ideal onde minhas observações encontravam um jeito de se desdobrar entre o olhar, a língua e a escrita.

De uma só vez, descobri o inusitado mundo da intersubjetividade na figura de um interlocutor que não mais me deixava, e a quem eu me dirigia como se fosse um outro. Nunca escrevemos sozinhos, mas à sombra de um clandestino que se exprime em nosso lugar, fala-nos ao ouvido, faz-se nosso intérprete e nos faz ouvir o que queremos dizer. Em sua companhia, lancei-me por sendas pouco seguras entre as mais temerárias, sem ignorar que um emaranhado de complicações colocaria minha razão em xeque, porém movido pela ideia de que "quando já não sabemos aonde vamos, tanto mais longe chegamos".[8]

Essa obstinação é algo estranho. Atribuo a tal esforço um valor secreto, tanto é verdade que a meta que nos propomos raramente é aquela que alcançamos. O homem em repouso e o homem que se põe a caminho são dessemelhantes em nós.

Cada um pretende moderar a sua conduta tomando-se a si mesmo como modelo e se mostrando em seu ser autêntico com o uniforme que recebeu, mas a vida se apresenta sob a forma de ocasiões, de injunções, e seu pulso insensível nos arrasta junto com tudo o que ela traz consigo de bom ou ruim. Aquilo a que chamamos de vida é a soma das surpresas que se inscrevem na nossa carne como marcas indeléveis, a intervalos desiguais, segundo temporalidades indistintas.

Ao chegar à Conservação de Angkor, tudo era tão novo para mim que tive a sensação de estar destinado a viver acontecimentos estranhos, difíceis de conceber. Sem esperar, interpondo-se entre os meus olhos e as coisas, o campo khmer instalou seus filtros na margem oposta àquela que levou meus passos, e depressa liberei o alojamento que ocupava no fundo do campus reservado aos franceses. A mim, que sonhava com outras formas de emulação, como descobrir um mundo onde perdesse meus pontos de referência, livre de toda sorte de caução, o campo cambojano me ofereceu um espaço ilimitado, com perspectivas grandiosas que desejei fazer minhas.

A segurança de poder me acomodar a semelhante existência pertencia só a mim, e eu me submeti totalmente à necessidade de estabelecer paralelos sem demora, de me confundir com os homens para melhor decalcá-los, de travar relações sem recorrer a intérpretes, como fazem os viajantes ao rir juntos. Deixamos nossos sentimentos se manifestarem, contamos uma história, depois nossa vida, passam-se as horas e partimos tranquilamente, contentes com um tudo ou nada, como se subitamente tivéssemos percebido melhor quem somos. Anos mais tarde, tal propensão a imitar nosso semelhante me salvaria de Deuch.

No Camboja, senti-me bem distante do formalismo que então alcançava o auge na França. Era a época dos sistemas abrangentes. O estruturalismo se impunha como a via de acesso mais segura à verdade. Todavia, a questão do envolvimento pessoal do investigador, que se arriscava a pôr em jogo a própria subjetividade, não se colocava para mim. Eu não era sensível senão a isto: viver intensamente, com todos os meus afetos, valores e representações, sem procurar me situar em relação a um "objeto de estudo", nem sair intacto das minhas observações. Se desejava compreender meu semelhante, não podia nem devia evitar que ele me questionasse. Minha diligência estava ligada a uma aproximação íntima do outro, seu sentido questionava minhas orientações e minha vontade de saber, seu objeto me obrigava a passar da "vista aérea" para as significações que emergem do mundo: a natureza das árvores, o canto dos pássaros, as particularidades da carroça cambojana, o mistério dos textos sagrados.

Quanto ao nativo de Nancy que eu não deixara de ser, estabelecer minhas raízes naquela terra de asilo significou uma luta contra meus hábitos mentais. Estou convencido de que um alto grau de envolvimento pessoal me forneceu as chaves necessárias para descobrir que é possível ser humano de múltiplas formas, com toda a gama de nuanças, segundo variações nas quais os sentimentos mais banais, se não os mais revoltantes, podem assumir preciosos valores.

Logo depois da minha chegada em Srah Srang, fui convidado a assistir ao ritual de cremação de um ancião da aldeia, há pouco falecido. Em partilha com os outros aldeãos presentes, o direito de ingerir um naco do fígado do defunto, tirado das cinzas da pira e ainda ardente, tocou-me como prerrogativa do parentesco que recentemente contraíra consigo. A ideia subjacente era que cada conviva participasse da sua ascensão ao céu. Para mim, essa foi a primeira ocasião de me conformar aos estranhos usos, opiniões e regras do mundo desconhecido para onde me deportara.

Minhas disposições não tinham, pois, absolutamente nada de natural; o vizinho ao lado poderia ter outras inteiramente diversas, e das mais difíceis de compreender... Estranho como os momentos da existência se parecem, como se tudo o que vivêssemos fosse tecido de um único fio. E, embora hoje me pareça maravilhoso o acaso que me ligou a esta ou aquela aparição, não consigo deixar de pensar em Deuch como um extraterrestre que também encontrei no caminho.

Nosso destino entra em cena por portas secretas, sempre vestindo um novo e ridículo disfarce. Com base em que critério, me pergunto, nossa memória distingue no meio da multidão esta pessoa daquela? Como explicar a influência que tais indivíduos exercem duradouramente sobre nós? Ela deve estar ligada a uma parte especial de sua força vital — força a que também somos sensíveis, para lá de toda moral, e que reconhecemos por fazer parte da herança comum.

Em tal reposicionamento que supunha que faria de mim o homem diferente que tinha vontade de ser, meu primeiríssimo movimento no terreno, o menos refletido, foi o mais decisivo: deparei-me com uma importante coleção de manuscritos antigos depositados e copiados há séculos no interior do país, e depressa me lancei ao trabalho de traduzi-los. O bombardeio das aldeias pelo exército arrasava os templos, e os velhos monges mandavam me chamar para transcrever seus tesouros antes que eles desaparecessem junto com o resto. Resgatar os últimos textos desse corpus literário tomou a dimensão de um dever pessoal, a que me dediquei sem reservas.

Ao longo da vida, esse trabalho de monge beneditino, conquanto absorvesse muito do meu tempo, foi a liça de que necessitava para desenvolver boa parte das sutilezas do meu entendimento. Pois traduzir é estabelecer pontes, é projetar um pensamento, uma língua para fora de si mesma. É contornar o espírito mediante uma espécie de ginástica extrema, até deslizarmos insensivelmente de um modo de ver para outro e restituí-lo na sua estranheza — cuidando de não suprimir nada, de não adaptá-lo às nossas próprias imagens, de abrir em nós espaço suficiente para acolher outras sem banalizá-las, sem diluir-lhes a mensagem específica, nem reduzi-las aos limites da nossa própria linguagem — isto é, do mundo em que até então nos fora dado olhar, amar, existir. Uma língua se distingue da outra pelo seu estilo, exatamente como um pintor se faz notar pelo seu modo singular de considerar a natureza. Comparar as linguagens humanas, pesar os prós e os contras das equivalências, transpor para um sistema o que está expresso noutro, é aprender a ponderar as acepções de termos derivados de uma distinta visão da vida; da maior ou menor disposição para revisarmos a nossa, depende a tarefa. Para tanto, é preciso dar um salto, salto que não é um deslocamento, mas uma transformação.

Se tentasse atinar o que se passava na cabeça do camponês com quem pretendia estabelecer comunicação, o que teria de fazer para compreendê-lo não era, pois, copiar e sim traduzir, haja vista o fato de que um desconhecido nunca passa daquilo que ele se dispõe a dizer senão uma imagem modificada pelos seus pressupostos e hesitações. Era previsível que tudo quanto fosse inteligível para mim também seria enganoso. Portanto, assegurar-se de que esses seres distantes e inatingíveis, isto é, dos quais tantos interditos nos mantinham à distância, transmitissem na sua língua algo que eu pudesse enunciar na minha mediante um esforço humano, global, sensível, pessoal... Cumpria apelar para tudo a fim de me distinguir deles o menos possível, mas também pôr-me à prova para mobilizar novas disposições de alma.

Foi esse desafio que me ultrapassava, esses trejeitos contraídos ao chegar ao próprio local, essa mania de querer desvendar sistematicamente os meus semelhantes para tateá-los por dentro, que se transformaram numa operação alucinante após a minha chegada ao M-13. Pois uma coisa é investir a condição humana de outrem com nossa experiência particular; outra é infiltrar-se nele assumindo sua forma, quando esta se revela intolerável e, no entanto, tão congruente que não se duvida ser também a nossa. Um carcereiro do Khmer Vermelho era o contrário de mim, mas ainda era eu, até na decadência.

A empatia que aos poucos me fez compreender o que Deuch experimentava como se eu próprio o experimentasse estava ligada às circunstâncias que conduziram à minha libertação. Tinha visto se concentrar nos seus recuos, suspiros e hesitações tanta matéria obscura que a única causa eficaz possível que lhe permitia mobilizar toda a sua coragem e todas as suas forças no campo só poderia provir do seu espírito de racionalidade. Enquanto, acorrentado diante dele, eu o via como meu contemporâneo, enquanto as palavras que transpareciam do meu terror diziam: "Sinto, compartilho, faço meu o teu pavor e a tua sorte", eu o livrava do próprio terror e lograva, sem que tivesse me apercebido disso, ocultar-lhe a imagem odiosa ("Com que então não tens piedade?") que todas as outras vítimas lhe devolviam. Meu rosto feito o seu, foi isso que o impediu de me matar.[9]

*

Meu reaparecimento em Phnom Penh causou certa sensação. Tinha visto o diabo de perto, com seus anjos revoltados dançando em meio às chamas, e, como homem avisado, egresso do outro mundo, minhas dúvidas acerca da vitória dos republicanos eram de mau augúrio para aqueles que, não tendo mais apreço pelos vermelhos do que eu, gozavam antecipadamente de sua derrota. Quanto aos meus colegas, mesmo os mais próximos, como muitos franceses cujas posições políticas em relação ao Camboja e à Guerra do Vietnã eram categóricas, teria sido impróprio misturar a tal situação problemas existenciais que só diziam respeito a mim — em especial, as peripécias que conduziram ao desfecho imprevisto da minha captura. Quanto ao chefe do campo M-13, não havia meias-tintas: ou os guerrilheiros eram terroristas ou lhes encontravam virtudes, conforme o partido de cada um. Escapar dessa triagem por dicotomia e aventar possíveis reordenações não combinava com o gosto da época. Fosse qual fosse a forma de humanidade manifestada pelo meu libertador, ele não deixava de ser partidário de uma revolução odiada, e a simpatia que podia despertar era suscetível de exercer uma perigosa sedução, contra a qual era preciso se precaver. Na capital, de qualquer modo, todos viviam a guerra exagerando as próprias vicissitudes, sem muita consideração pelos camponeses que não tinham outra escolha senão pactuar com os comunistas — e tudo se confundia. Confrontado com as ações deploráveis das tropas de recrutas pró-americanos e com a imbecilidade desconcertante dos pró-chineses de todos os matizes, o país inteiro afundava cada dia mais no desânimo. Se as forças em confronto podiam modificar seus argumentos em prol da violência, nenhuma delas mudava seus métodos. Era fácil prever que ambos os lados se rebaixavam a níveis onde não subsistia mais nenhum mérito, onde somente a dor conservava toda a sua gravidade.

Os pensamentos consecutivos à exacerbação dos meus sentidos sob a férula do Khmer Vermelho — a capacidade de sentir desde dentro, que ia além da simples compreensão — voltaram a mim em Phnom Penh sob a forma de a posteriori, em contradição com os códigos intelectuais dos meus contemporâneos. Não conseguia mais raciocinar como eles, nem tampouco como eu. Parecia-me que faltava liberdade para fazer ouvir o que todo o meu ser queria dizer, seja sobre os meus próprios móbiles, o instinto oculto dos homens, a outra face do algoz — numa palavra, sobre todas as verdades contrárias à moralidade pública. Fosse qual fosse a parte da clemência de Deuch na minha libertação, os mecanismos psicológicos acionados quer pela sua consciência, quer pela minha adquiriam ressonâncias que eu não me atrevia a reexaminar, pois isso me deixaria numa situação ambígua em relação à minha própria educação. Do episódio paradoxal, ficou-me uma impressão enigmática e zonas de profunda obscuridade. Por que, então, não me tomei de ódio por Deuch?... Tinha sido sua vítima ou não? Eu o tinha confrontado acerca do que havia de mais verdadeiro, sincero e autêntico em nós, sem partilhar por um instante o compromisso pelo qual ele se dispunha a morrer e, portanto, a matar. Na ocasião, porém, parecia-me possível compreender o que ele fazia, o que ele devia fazer, tão logo se me afiguravam os seus motivos. Em momentos como aquele, a crueldade da sua função não passava para mim de um reflexo desesperador das mais baixas condutas humanas, todas saídas do mesmo abismo original.

Certas pessoas são feito lentes de aumento que nos fazem discernir a realidade proibida ante a qual nossas pupilas se acomodam tão mal. O que então enxergamos é aquilo que ordinariamente se oculta sob os nossos segredos. No M-13, logrei desvendar tais coisas por meio de todas as minhas percepções ópticas, e a súbita visão de um Deuch semelhante ao resto dos mortais constituiu um desafio a que me batesse numa luta essencial contra mim mesmo — luta, sei agora, que não chegarei a levar a cabo.

O homem sob risco de morte, quando as circunstâncias o permitem, toma o partido de simpatizar com aqueles que o ameaçam. Já tinha tido, como todo mundo, experiências desse gênero na escola ou com alguns amigos; ali, porém, naquele campo de extermínio, a posição dúbia do perpetrador e da vítima — que a vitimologia viria a popularizar com o nome de síndrome de Estocolmo — fez com que eu mesmo experimentasse um sentimento de decaída. O fenômeno diz respeito ao reflexo que incita toda vítima a se ligar ao destino de seu algoz, às vezes defendê-lo e ainda se recusar a testemunhar contra ele. Com Deuch, creio que fui mais longe ainda: afastado de tudo e surpreendido na mais miserável nudez, o medo me obrigou não a mostrar uma estúpida "simpatia" para com ele — isso não teria surtido efeito —, mas a improvisar inúmeras situações hipotéticas de aproximação, a fim de testar para valer e do modo mais sincero possível todas as suas reações, de cativar-lhe a atenção e sensibilizá-lo para a minha sorte. "Seduzi-lo" intuitivamente, à minha maneira, de modo a fazer-me crível, para então desenvolvermos um real sentimento de identificação entre nós. Apostei minha vida nisso sem me arriscar a trapacear, rindo comigo por deslindar o consciente daquilo que dependia do subconsciente, e coloquei todas as minhas esperanças nele com raiva, fé e paixão. Por exemplo, manobrei, como quem não queria nada, para levá-lo a encarar as consequências dos seus atos, encontrando por vias indiretas o meio de lhe sugerir, exagerando, o conjunto de riscos inerentes ao meu desaparecimento: uma literatura normativa recém-descoberta e logo perdida, ritos ancestrais jamais estudados, para não falar de uma criança chorosa reclamando o pai nalgum lugar... Penso, hoje, que nenhum homem resiste a isso; seu erro foi o de me dar ouvido; minha força, a de me fazer ouvir.

Assim como Deuch tinha contado não me torturar para obter docilmente confissões cabais, eu também tinha imaginado que, do ponto de vista tático, se permanecesse sincero até o grito, até a revolta, minha inocência se tornaria mais evidente. Sabia que os homens dão azo à desconfiança principalmente quando se lhes falseia a voz. E nesse jogo, haja vista a relação de submissão que Deuch mantinha com seus superiores, pode-se perguntar até que ponto ele também não teria caído numa relação equivalente de dependência para comigo em reação ao seu próprio comportamento, a ponto de me proteger e recusar-se a me matar, assumindo, pois, em relação a eles, e especialmente a Ta Mok, um comportamento parecido com o meu em relação a ele.

Ambos tínhamos, sem dúvida, certa consciência da situação, mas apenas parcialmente, a meias palavras, uma vez que ninguém ali parecia dispor de tempo para pensar: no espaço concentracionário que todos ocupávamos e onde cada um tinha o seu lugar, não se pensava noutra coisa senão em continuar vivo. Ora, chegava um momento em que a segurança pessoal, paradoxalmente, passava para o segundo plano; a necessidade de "continuar" se impunha com tal força que não deixava margem à reflexão, tampouco ao medo. Ao mesmo tempo, era por deflagrar esse processo que o medo atuava indiscriminadamente sobre todos, do algoz à vítima. As manobras de que lançava mão para conservar Deuch do meu lado — as quais, de resto, visavam tanto ele quanto os guardas, que lhe reportavam tudo — pareciam executar-se por si mesmas, em roda livre, sem marcha engrenada, numa espécie de inacessível desvão da consciência. Assim, ele e eu vivíamos invisivelmente em meio aos outros, numa espécie de simbiose que nos emparelhava sem nos aproximar, mas que modelava mais ou menos todos os nossos comportamentos, os meus dependendo daquilo que percebia dos seus, e vice-versa. Permanecia alerta, totalmente mobilizado, inteiramente centrado na sua pessoa, num autêntico e incessante esforço de assimilação.

Do alto de sua torre de vigia, adivinhava Deuch às voltas com a sua vida dupla: a primeira, em plena luz do dia; a segunda, na noite cerrada. E, embora esses dois polos da vida cotidiana se entrelacem em sonho para todo mundo, perguntava-me de que ele devia sofrer mais, se da sua atividade de sobrevivência no mundo diurno ou dos juízos morais que formava nos momentos de solidão noturna.[10] Quando se encontrava assim, posto ao alcance dos meus olhos, absorto na sua mais espessa treva, eu lhe tomava emprestada a horripilante candeia para ir me intrometer no dédalo da minha. Encontrava aí tamanha confusão e tantas contradições que perguntava a mim mesmo se eu teria resistido melhor do que ele à ação corruptora das potências do falso; se estaria mais preparado para não transgredir as leis da moral, já que me afligia tanto abrir mão das minhas pequenas escolhas, uma vez reconhecidas como autênticas e verdadeiras no único círculo de relações ao qual eu pertencia.

Nunca mais verei o meu semelhante como antes. Deuch me precipitou no espírito uma tempestade de questões acabrunhantes, daquelas que só vêm à baila em contos de fadas e narrativas mitológicas, e depois não se apresentam senão para as crianças.

Quisera eu poder voltar às sombras cálidas das noites de minha infância, quando tinha medo do diabo e nem por isso vivia menos sossegado. Desde logo, no entanto, aprendi que há sempre um monstro de verdade escondido no armário.

O horror aparecia-me agora não mais como a consequência de uma inferioridade que tolhia o "livre desenvolvimento da alma", de uma falha de constituição das naturezas sombrias, em que mal penetram os raios de luz. Não sabia que a orquestração do mal não exclui forçosamente a sinceridade e a generosidade. Imaginava que a selvageria fosse algo inato, um tributo pago à natureza por indivíduos perigosos, à revelia de quaisquer determinações. Achava que matar, agredir, eram atos que delatavam um temperamento, originavam-se de uma necessidade dominante, de disposições psicofisiológicas anômalas, de uma natureza. Pensava que a humanidade, que faz de cada um de nós o pai amado, o filho amado, o ente querido, jamais, nem por um instante, pudesse comportar os monstros que engendra.

Deuch me tirou do erro tão dolorosamente que se tornou impossível, a partir de mim apenas, avaliar as consequências do que eu acabara de viver sem de pronto estremecer. Sua máscara, que ele removia por instantes na minha presença à medida que ia me conhecendo melhor, deu-me a ver o invisível: a alternância de continuidade e descontinuidade com que ele se apresentava a mim ora como um assassino, ora como alguém dotado de interioridade humana, a exemplo das máscaras antropomórficas usadas pelos animistas. No Camboja, elas representam um animal ou ser humano cuja boca aberta contém outro rosto. Tais máscaras exibem um homem no seu interior como paradigma da subjetividade, e também simbolizam o mundo intrincado aonde devemos nos transportar para descobrir o outro. Todas elas provocam a repulsa originada pelo aparecimento de características humanas no animal.

3. O algoz, 1988

A aldeia khmer se tornou uma segunda pátria espiritual para mim, o símbolo cada vez mais profundo no qual se resume o que aprendi e, mais ainda, desaprendi, bem como tudo o que me resta da antiga cultura.

À evocação desse passado que ainda me envolve, que imagens me vêm à lembrança? Antes de qualquer coisa, o aspecto fracionado da paisagem rural, pontilhada de palmeiras uniformes com suas coroas recortadas contra o céu, feito sombras chinesas. (Com efeito, essa imagem contém um vislumbre da estrutura do mundo.) Em seguida, a fuga de Norodom Sihanouk, a invasão norte-vietnamita, o pequeno reino carregado de grilhões, a debandada de Lon Nol, a derrocada dos Estados Unidos, a investida do Khmer Vermelho. A meu ver, tais acontecimentos conferiram um caráter infinitamente trágico ao horror vivido pelos camponeses, e também ao inaudito heroísmo de seus filhos, num conflito estúpido em que os khmer, de um lado e de outro, foram vítimas da inépcia e da indiferença de lideranças a mando de potências estrangeiras. O país não se restabeleceria dessa catástrofe.

Seguiu-se a queda silenciosa da capital, o início do terror, a soberba com que os vencedores impuseram os seus planos atuando sobre a imaginação das massas, sem que ninguém mais ousasse se manifestar publicamente: o *finale* de um povo. Ao abrigo de suas fronteiras, uma selvageria arcaica tornou a se abater sobre o Camboja, cujo rebaixamento moral só veio agravar a nova ideologia. O Khmer Vermelho fez do povo cambojano um corpo exangue, esvaziado de substância. Seu triunfo assinalou uma mudança brusca e radical na vida da nação: não apenas incontáveis vidas foram aniquiladas em tal passagem, mas também as causas mais íntimas e espontâneas de cada um. Por gerações a fio, os acontecimentos do período fornecerão matéria para os assombrosos relatos dos sobreviventes aos seus filhos e netos.

Hoje eu não me acostumaria mais a viver ali. De certo modo, seria como retornar aos matadouros de Nancy, isto é, mover-me num mundo contra o qual não disponho de nenhuma proteção. Muitos lugares se tornaram tabu, como aqueles onde o homem pôde atuar sem contemplação, acometendo mecanicamente rebanhos de criaturas inermes para levar a efeito medidas coletivas, a exemplo do que fizeram todos os carrascos desse infame tendal de carniceiros que foi o século XX. No Camboja, desiludido de qualquer esperança de mudança, todos ainda se entregam com avidez a golpear os mesmos de sempre e a se aproveitar do caos.

Deuch, pois, caíra no esquecimento.

*

No dia 6 de maio de 1975, asilei-me na Tailândia, numa aldeia do nordeste (Ta Tiyou), não muito longe das zonas áridas onde tinham sido erguidos os primeiros acampamentos de refugiados. Numerosos fugitivos acorriam ali em busca de abrigo.

Contavam o que tinham visto descendo a pormenores, com detalhes atrozes que ninguém ousava crer. Em meio a fétidos abrigos escavados diretamente na terra, sob tendas imundas repletas de piolhos, reinava uma promiscuidade alarmante entre os refugiados, explorados, por sua vez, por gangues controladas pelos militares tailandeses. O roubo, o estupro e o homicídio eram moeda corrente ali. Recordo que o pessoal da embaixada da França, alguns jornalistas e trabalhadores humanitários, todos consternados com a situação, haviam me pedido que os guiasse até um acampamento pouco frequentado, mais ao sul. Tratava-se de um miserável contingente de refugiados situado não muito longe de Trat, em pleno território tailandês, cujo assentamento havia sido oficialmente confiado ao Khmer Vermelho! A diferença saltava aos olhos desde a entrada: asseio, silêncio, disciplina, era impressionante. Na metade do vasto terraplano que precisávamos atravessar, passamos por um rapazinho amarrado a um poste. Estava seminu e tinha desmaiado sob o sol escaldante. Há quantos dias estaria ali? Revoltado, disposto a comprar briga, nosso grupo encarregou-me de averiguar o que havia acontecido. Vindo ao nosso encontro, um vigia respondeu com amabilidade que não era possível, infelizmente, prescindir de certa disciplina: tal era a sorte reservada aos ladrões. O garoto fora apanhado com a mão nos sacos de arroz destinados à coletividade. Desarmados pela explicação, que retroagira imediatamente sobre sua sensibilidade, as pessoas que eu acompanhava, um tanto embaraçadas, não foram capazes de articular uma resposta, tanto mais que a ordem reinante no acampamento do Khmer Vermelho contrastava favoravelmente com a abjeção em que chafurdavam os outros campos de refugiados, a qual tinham ferozmente condenado. Felicitaram com meias palavras os responsáveis do lugar sem aprovar nada, sem nada acrescentar por escrúpulo em demonstrar assentimento; em seguida, fomos embora sem nos estender sobre a sorte do garoto. Já tinha ouvido tal silêncio.

*

Anos mais tarde, em 1988, voltei a Angkor sozinho para instalar ali o novo posto local da EFEO, a primeira cabeça de ponte francesa antes do reatamento de relações diplomáticas. Não tinha a menor necessidade de ser informado sobre o que tinha se passado no Camboja após 1975. Nesse meio-tempo, voltei a encontrar Neang Chhoeung, a mãe de minha filha. Ela me fez um longo relato sobre o que tinha visto e vivido durante o período. Também voltei a Srah Srang sem outra expectativa senão aspirar o aroma do grande samrong que havia na entrada do templo Ta Prohm e tornar a ouvir o ruído das folhas do kapok, secas feito conchas, caindo sobre o lajedo. Apenas alguns traços distintivos da natureza atestavam que nem tudo estava completamente mudado.

Na aldeia onde outrora tinha morado, a desolação, a ruína material, a miséria humana, a destituição moral e a estagnação entre os sobreviventes que eu conhecera quando jovens, em tempos de prosperidade, pareceram-me irremediáveis. Havia trazido comigo uma braçada de presentes mandados por Chhoeung, então residindo na França. Entre eles, um relógio de pulso para um dos priminhos de Hélène que morara conosco antes da guerra, agora casado com uma moça da aldeia vizinha e pai de família. Feliz da vida, ele saiu correndo para mostrar o presente que ganhara. Eis que, nessa mesma noite, o seu corpo foi encontrado num arrozal: um vizinho, que tinha fugido em seguida, cobiçara o relógio que eu lhe dera.

Naquele solo abandonado, onde grassavam agora as leis de uma liberdade selvagem, tinha-se a impressão de que a nova miséria havia ofuscado a lembrança das agruras passadas, das infindáveis corveias, do desmesurado número de mortos. Não havia homem ou mulher cujo destino não tivesse sido submetido a constrangimentos atrozes, e que a liberdade ora encontrada não sufocasse ainda mais. A compaixão havia desaparecido com o rompimento de todos os vínculos interpessoais. Corrupção, incompetência, ciúmes entre os órfãos, entre os estropiados... Tudo isso era o produto insensato de um mundo de viventes cujos reflexos não iam além daqueles que possibilitam a sobrevivência. Em lugarejos mal repovoados, as vítimas conviviam com seus assassinos como se nada tivesse acontecido, como se tivesse sido sempre assim nesta terra, onde aquelas não existem sem estes. Esbarravam-se uns nos outros, baixavam os olhos, sem saber quem decidia sobre o papel de quem. Para mim, esse cemitério dos vivos prefigurava o dia do juízo final, no fim do mundo, quando a sorte de todos os algozes acabará por se confundir com a de suas vítimas na legião dos ressuscitados.

Na fronteira com a Tailândia, havia sido implantado um complexo de fortificações inexpugnáveis, sobejamente defendidas por mais de vinte mil invencíveis robôs armados, os melhores guerreiros do mundo depois dos japoneses e dos coreanos. Nascidos em meio à guerra, os mais jovens tinham adquirido a experiência que converte o gesto, o pensamento e as próprias funções corporais em reflexos de combatente. Os mais velhos tinham alcançado o apogeu da sua arte. Com assento nas Nações Unidas, os dirigentes do Khmer Vermelho não tinham perdido nada daquela determinação que os levou a "esmigalhar" durante quatro anos todas as pessoas suspeitas de deter informações ou simplesmente hostis aos massacres. O Kampuchea Democrático teria sido levado aos tribunais internacionais caso seus dirigentes tivessem infligido semelhante tratamento a um povo estrangeiro, em vez de perpetrá-lo contra seus irmãos de sangue. Triste acaso, que foi também o grande infortúnio dos khmer, pois o pretexto dessa luta fratricida serviu de legitimação para a não ingerência de todo o Ocidente. A "revolução camponesa" não passou de uma fraude monumental orquestrada a conselho de assessores estrangeiros (chineses, norte-vietnamitas), que souberam utilizar todos os recursos locais para explorar as velhas divisões ideológicas entre cidade e campo, e tirar partido da capa mais recente de culpabilidades do Ocidente. Em tal desvario, dir-se-ia que a condição de "descendentes dos construtores de Angkor" jogava sempre a favor dos dirigentes desse antigo povo, a despeito dos cálculos e mesquinharias instilados em suas maquinações secretas. O Khmer Vermelho havia logrado tal proeza: entregar o "povo glorioso" de pés e mãos atados ao inimigo vietnamita e fazer deste último, vitorioso na guerra, seu salvador. Para rematar, enquanto o Khmer Vermelho tinha erradicado o budismo, despojando os monges do hábito e matando-os, no intuito de interromper de uma vez por todas as ordenações, foram os novos amos de Hanói que, em 1979, tomaram a iniciativa de proceder à restauração do culto no país.

À falta de qualquer clero, o governo pró-vietnamita de Phnom Penh, formado por antigos resistentes de todo isolados, viu-se incapaz de aprovar ou rejeitar uma moção política que subvertia a doxa comunista e, mais ainda, de constatar que seria restaurado não o antigo rito cambojano, mas uma tradição eclética recente, mercê de um prelado vietnamita vindo de Ho Chi Minh expressamente para tal fim. Um grupo de sete monges cambojanos foi ordenado no Vat Unalom e, em seguida, despachado para todos os recantos do país a fim de propagar a nova ordenação, sem que possuíssem a requerida antiguidade de dez anos… O rito decorrente desse tipo de ato derrogatório não está em conformidade com as regras do Vinaya[1] e, para todos os efeitos, carece de validade. Estava-se, pois, diante de uma situação singular na história do budismo. Para muitos, era um sinal dos tempos, a evidenciar a triste determinação de uma nova era que principiava… Pobre Camboja, esterilizado em todos os níveis por sua "gloriosa revolução de mil anos". Os últimos monges remanescentes, outrora forçados a se despojar do hábito pelo Khmer Vermelho, recusaram o novo rito e se resignaram a morrer.

Uma profunda necessidade parecia estar atuando. Entretanto, o que poderiam os filhos de um povo disperso, desorganizado, sem consciência política nem religiosa, povo de miraculosos sobreviventes cuja população adulta, tanto mais preciosa quanto mais reduzida, obstinava-se em replantar, em reconstruir, em redescobrir sua cultura e recuperar sua energia? Foi o momento em que os cambojanos desejaram mais ardentemente, em vários níveis, reerguer o país das cinzas e tomar a vida nas mãos para renascer. Isso, pelo menos, até a chegada de cerca de vinte mil policiais, soldados, funcionários e especialistas internacionais das Nações Unidas, que assumiram rapidamente o controle de tudo com aplicação e seriedade, embora sem levar em consideração as diferenças de mentalidade e de contexto, matando instantaneamente no nascedouro as iniciativas locais, projetando a mancheias os efeitos da civilização sobre um país carente de tudo, não hesitando em corromper os mais ávidos mediante o atrativo do lucro. Para dar apenas um exemplo, a perspectiva de aquisição de centenas de veículos que a ONU deixaria para trás ao término da missão foi praticamente o único projeto cuja negociação chegou a mobilizar realmente o pessoal recrutado no local. Após o Kampuchea Democrático do Khmer Vermelho, a Autoridade Provisória das Nações Unidas no Camboja (United Nations Transitional Authority in Cambodia, UNTAC), cujo representante especial governou oficialmente o antigo reino por dois anos em substituição à administração preexistente, provocou uma onda de desânimo quase imediato e extinguiu por muito tempo nos khmer a capacidade de redescobrir sua alma. Nenhuma restauração poderá trazer de volta aquilo que então se perdeu.

Após esses indícios, no rastro dos estigmas que atingiam as forças vivas da sociedade como um sinal dos tempos, talvez tenha ocorrido a muitos o que ocorreu a mim: uma tendência para fugir a qualquer forma de participação na vida coletiva, talvez porque era previsível que dali em diante os círculos dirigentes do país seriam recrutados nesse mesmo gênero de humanidade corrompida.

O que eu poderia dizer, hoje, sobre aquele país desesperado? Todos ainda se servem das mesmas palavras de sempre, embora ninguém mais viva como antes. Os cambojanos continuam a morar na mesma casa dilapidada para não ter de reconstruí-la, embora percebam que basicamente tudo mudou.

*

Não sou mais possessivo. Antes do Camboja, eu nada tinha; depois, não tenho mais nada. Libertei-me dos laços que me prendiam a coisas que tinha longamente apreciado por sua beleza, por sua antiguidade ou pelas recordações que me despertavam. Em contrapartida, nunca pude me livrar da presença dos lugares: da ideia de que, com o tempo, os lugares passam a acumular as lágrimas derramadas, a memória dos instantes e acontecimentos que aí se desenrolaram, dos milhares de seres que palmilharam esses espaços antes de morrer.

Talvez seja por essa razão que deixei de apreciar Phnom Penh. Mas isso a experiência confirma: os lugares a que nos ligamos após longa fusão sempre continuam a nos atrair. Não posso escapar a essa cidade, como não posso escapar a mim mesmo. Em 1988, era possível encontrar vestígios de sua arquitetura original em frente aos correios, em redor do Phnom, no recém-restaurado Hotel Royal, nos casarões coloniais destelhados e com as venezianas aos pedaços, porém sempre belos sob o céu nacarado, onde avultam as mesmas nuvens irisadas de aguaceiro. A antiga metrópole sugeria o aspecto de um jardim demasiado familiar ora relegado ao abandono, onde, porém, a orla dos canteiros e a folhagem permaneciam reconhecíveis. No dia 17 de abril de 1975, antes da entrada dos primeiros guerrilheiros do Khmer Vermelho pelo norte, como um bando de menores desacompanhados, eu contemplava a avenida totalmente deserta. Aos olhos cansados da vigília, ela parecia ainda mais despojada e vazia de ar na luz da manhã. A embaixada da França permanecera no estado em que o Khmer Vermelho a deixara antes de se retirar precipitadamente da cidade, em 1979; as modestas construções cercadas por simples muretas guardavam a mesma disposição no meio do parque. Os batentes do velho portão ao lado da guarita ainda estavam de pé. Noutro lado da rua, o banian da antiga embaixada da Coreia definhava e a cortiça dos koki, que os moradores haviam arrancado do tronco nodoso para cozinhar arroz, ainda não regenerara. O monumento aos mortos desaparecera e o cemitério, no lado oposto, fora arrasado. No final da avenida, o canteiro de obras de um lúgubre edifício público invadia a área liberada pela demolição da catedral, como para lembrar que, da estação ferroviária até o rio, partia dali um amplo e florido passeio ladeado de frondosas árvores de espécie desconhecida, sob as quais, aos domingos, a pequena comunidade de católicos cambojanos se reunia para ir à missa e distribuir esmolas aos leprosos. Lembro-me também dos sinos badalando. Quanto aos templos da cidade, invadidos pelos refugiados em 1975, ainda estavam todos vazios. Nas calçadas, onde o Khmer Vermelho plantara coqueiros, e ao longo das ruas mal pavimentadas circulavam seres assexuados de olhos esbugalhados, cujo triste ajuntamento passei a esmiuçar: haveria diferenças de idade entre eles? Eram todos parecidos; tinham a anatomia e o aspecto característicos dos indivíduos criados sem amor. Toda a beleza, todo o brilho da população tão alegre que eu conhecera antigamente haviam desaparecido, e com eles o desejo e a paixão.

Cada passeio que fazia pelo meu antigo bairro, ao longo do hospital Calmette, reservava uma surpresa — por vezes, feliz, como o instante em que meus olhos deram com a tampa de um bueiro próximo da casa onde morávamos, a qual, tantos anos depois, ainda repercutia os passos de dança de Hélène. Surpreendi-me ao verificar que o ferro fundido tinha preservado a lembrança daquele momento para oferecê-la a mim, tal como as recordações da infância retornam aos anciãos. Outros pormenores reviviam diante de meus olhos, pormenores tão ínfimos que mal se notavam, não obstante permanecerem ocultos sabe-se lá em quais recessos da memória. Não me esquecia disso tampouco, de todo o passado que readquiria vida, de todos os fantasmas com os quais cruzava facilmente durante o dia, quando resolvia percorrer as ruas tomadas por sem-teto, em precário estado de conservação, ladeadas de cômodos apenas parcialmente reconstruídos, de montes de tijolos e toda sorte de entulho, por entre monturos esparramados pelos ratos e pelos miseráveis que andavam com as costas vergadas. Caminhava pelo labirinto de vielas passando diante dos velhos casarões sem me deter para ver os ocupantes, embora sentisse sua presença silenciosa no fundo dos cômodos.

Às vezes, como fazia muito calor, eu passava as tardes recolhido em meu quarto; quando a luz caía repentinamente, como sucede em tais climas, e a noite tombava sobre a cidade, ia desfiar minhas recordações à beira do Mekong, acompanhado de uns poucos cães que seguiam meu exemplo. Parecia-me que decisões importantes me vinham ao espírito ao deixar o pensamento simplesmente fluir. Na ociosidade, talvez seja possível perceber melhor a cadência da vida, pois é dos intervalos de silêncio que surge a melodia das coisas.

A velha ponte japonesa e o seu reflexo formavam um único volume vazado pelos arcos, enquanto na confluência do Mekong e do Bassac as águas corriam com a mesma certeza serena e poderosa de outrora. Embora mal divisasse a outra margem, o espaço vago resultante da demolição do grande seminário saltava aos olhos sobre a saliência da península de Chroy Changvar. Apesar do toque de recolher, eu podia caminhar longamente sem me afastar do setor de hotéis destinados aos estrangeiros — às vezes, até despontar no céu o presságio que o reverdece antes dos primeiros sinais do dia.

Um ou dois bandos de meninos fugidos de "orfanatos", inclusive considerável número de aleijados, tinham ganhado as ruas; nunca dormiam e brigavam entre si feito corvos, cuja cor todos haviam assimilado. Cada um soubera preservar, ao crescer, a capacidade de mobilizar as forças primitivas da vida e os recursos do instinto. O objeto de sua disputa era o espaço defronte dos três hotéis, bem como a partilha das frações de dólar geradas pelo providencial maná. Os mais jovens sabiam galopar com a mão estendida, os mais velhos mendigavam remedando a fala dos malandros, enquanto estes últimos pareciam estar sob as ordens de um perneta. Tinha ele rosto pálido e rugoso; a boca parecia a de alguém dez anos mais velho; somente os olhos, enviesados nos cantos, com os brancos amarelados, mostravam aspecto frágil. O olhar denotava tamanha capacidade de atenção, tamanho sentido do outro, que se adivinhava que ele passara a infância driblando o destino. Só mais tarde notei-lhe a juventude. Era jovem, jovem como o novo Camboja, onde a vida principia sem mais preâmbulos e logo entra em declínio. Contemplá-lo me cortava o coração. Ele se deslocava de um extremo a outro de seu território apoiado nos braços, como se fossem muletas, as mãos calçadas em velhas sandálias, a uma velocidade surpreendente; ao se atracar em luta corporal, projetava a pélvis com força para a frente.

Estava curioso por vê-lo mais de perto e conversar com ele para evocar o passado. Calculara a idade dele, com os olhos marejados de lágrimas, em catorze anos, talvez: a mãe havia morrido de parto durante o êxodo de 1975; mais tarde, a explosão de uma mina o tinha mutilado. A selvageria de que precisara se armar para sobreviver enchia-me de compaixão.

Em várias ocasiões, eu tinha deixado que ele viesse comer algo em minha companhia no terraço do hotel Sokhalay, que acabava de reabrir. "Com que idade você perdeu as pernas?" Não ouvia minhas perguntas, mas podia ler na sua expressão que ele as compreendia. Parecia tão jovem fisicamente que cheguei a cogitar várias situações hipotéticas. Foi quando um dos garçons que nos observava atentamente não se conteve mais e me revelou o truque de que ele se valia para mover os transeuntes à comiseração: na verdade, ele tinha nascido daquele jeito. Descoberto o blefe, o rapazola soube imediatamente como se portar. Desceu da cadeira e foi embora sem terminar o prato imerecido, envergonhado por não ter pisado numa mina, como tantos outros.

O garçom conscienciosamente deu meia-volta, e mais não foi preciso para eu compreender: na hora, com efeito, admito ter ressentido a deslealdade do garoto, como se tivessem jogado com a minha credulidade. (Quando fora eu mesmo quem tudo recriara.) O pequeno charlatão aprendera havia tempos que o homem tinha muito pouco apreço pela realidade, em comparação com o que lhe era dado a experimentar em meio aos seus devaneios.

Uma vez que tomei a liberdade de jogar com a cronologia, uma vez que estava preparado para seguir os passos do presente a que se furtava o meu passado, foi-me possível estar noutra história, noutro tempo, sem sair de Phnom Penh.

Foi durante essa inquietante negociação com a minha própria temporalidade, atento ao percurso familiar sob a extensão desconhecida que a paisagem ainda pudesse ostentar, que numa bela manhã dirigi-me ao Museu do Genocídio. Atravessado o perímetro delimitado pela cerca de arame farpado, uma vez no interior dos pavimentos, nas salas de aula do antigo liceu, os gritos de alegria das crianças que outrora brincavam no pátio haviam sido para sempre abafados pelos gritos dos infelizes ali supliciados: o ar ainda vibrava segundo seus diferentes registros superpostos.

Na época, a visita tinha caráter obrigatório e era organizada pela administração do museu, que fornecia guias. Não fosse assim, teria eu me animado a ir? A palavra "genocídio", aplicada a toda espécie de massacres perpetrados no Kampuchea Democrático, parecia-me imprópria, na única acepção que lhe conhecia; e esta, siderante — "museu" —, fazia-me recear um dos tais espaços de propaganda política que o novo regime tanto encarecia.

Como todo mundo, eu ignorava que o Khmer Vermelho havia designado pela sigla S-21 a antiga escola de Tuol Sleng transformada em prisão. Os refugiados não falavam em prisões. Havia tanta gente desaparecida nos pensamentos de cada um que a questão da burocracia da morte — os campos, os centros de interrogação, tortura e execução, as prisões, as câmaras, os fossos, as valas comuns — fora relegada ao segundo plano, ainda que tivesse afetado a todos. Até onde me lembro, a primazia atribuída a Tuol Sleng também era tida como orquestrada pelo regime pró-vietnamita.

Já na recepção, contudo, sentíamo-nos embargados. Sem dúvida, naquele foco de corrupção o assassínio havia sido cometido em grande escala. Bastava cogitar o número infinitamente elevado de mortos ou ter tido conhecimento de casos individuais para que emanasse do lugar tal cúmulo de sofrimento que o visitante afundava numa crise de desânimo. O lugar inspirava tamanho pavor que, pela primeira vez, exceto num campo de extermínio nazista, senti esse medo ontológico que faz gelar o sangue. À medida que a visita progride nos retiramos do mundo, e antes que ela acabe temos a experiência da tortura, adquirimos uma medida do mal que ela pode causar, aprendemos que a dor não conhece nenhum limite. Não obstante, as atrozes dissonâncias que irrompiam à nossa volta se fundiam em compostos indissolúveis; nesse caos, era impossível distinguir se os gritos prolongados pelo eco vinham dos torturados ou dos torturadores…

As salas do térreo, onde os prisioneiros eram interrogados sobre o próprio soalho de ladrilhos amarelos e brancos, se achavam mobiliadas com um canjirão (para a urina), um estojo de munição (para as fezes expelidas ao impacto do primeiro golpe), uma cadeira destinada ao interrogador e uma cama de ferro sobre a qual a vítima era estendida para receber choques elétricos. Ali, corpos vivos tinham sido rasgados em dois... Tudo isso se encontrava dilapidado, inerte, inutilizado pela passagem do tempo, e, no entanto, ainda repercutia a cacofonia dos estertores, das exalações fétidas, das confissões reprimidas e de pronto liberadas, das respostas sufocadas, do surdo gemido dos mais calejados. Nas amplas salas do primeiro andar, fantasmas escapavam de rostos perfurados, cujas fotografias tinham sido afixadas em grande número nas paredes. O cenário dos suplícios surgiu-me tão preciso e intolerável que não sabia mais para onde virar o rosto. A fim de suportar tal visão, tive de prender o fôlego por tanto tempo que as lágrimas me assomaram irresistivelmente aos olhos. As paredes arranhadas na altura dos cotovelos e a triste usura dos cubículos — quando, de resto, tudo o mais desaparecera sem deixar o menor vestígio — atestavam a presença de homens que haviam tateado, apalpado, amassado sua miséria ali, mordendo os lábios para conter os soluços. Decifrei, em cada ângulo dos compartimentos onde pó e sangue haviam se acumulado para formar escaras — como um entomologista a partir dos resquícios de insetos pulverizados pela ação do tempo —, o fatídico hieróglifo da existência dos seres que tinham encalhado ali: "De que vale nos agitar e viver neste mundo?".

Foi nesse exato instante que me aconteceu identificar Deuch, com impensada e absoluta certeza, na fotografia do diretor do estabelecimento enfiada sob o vidro de um armário no vestíbulo. Olhar incisivo, dentes descarnados projetados para fora da boca junto com a gengiva, lábio inferior caído, era ele sem tirar nem pôr, inclusive as orelhas de abano que tinha esquecido e, sobretudo, a sutil amargura que não o deixava. A par do horror, descobri o assombroso escopo da missão que lhe coubera entre 1975 e 1979, bem como a responsabilidade estarrecedora que tivera na implantação da tortura e das execuções.

Os arquivos abandonados no local indicavam que a grande prisão chefiada por ele tinha sido destinada a ocupar um lugar especial no aparato do partido. As informações coligidas diariamente na S-21 sob a supervisão de Deuch permitiam aos altos dirigentes orientar as suas suspeitas e combater o "inimigo interno". Tal como nos Cardamomos, seu trabalho consistia em descobrir os planos dos traidores que lhe eram enviados. Todos eles tinham os olhos postos no rosto do homem que os martirizava, esperando em vão nele encontrar, para pôr fim aos seus gritos, a resposta que desconheciam. Tratava-se mais uma vez de mobilizar as energias destrutivas a todo custo, as quais inicialmente convergiam para ele em linha reta e, a seguir, eram desviadas por difração através da população carcerária. Esse haveria de ser o sentido de sua missão em Tuol Sleng, e, desde logo, o sentido geral de sua existência.

Para tanto, Deuch se dedicou com grande afinco a estabelecer as regras de uma prisão-modelo. Os auxiliares que executavam suas ordens, dos quais eu havia conhecido os mais jovens — lembrava-me de suas caras e do zelo que esses adolescentes punham na consecução de ninharias —, deveriam aprender a se comportar como profissionais da contraespionagem. Nessa impiedosa engrenagem, Deuch os ensinava a fazer uso da tortura com impassibilidade e sangue-frio, sem rompantes de crueldade, sempre em função de regras precisas, com a única finalidade de induzir as vítimas à confissão. As instruções que lhes dava visavam a demovê-los da ideia de que espancar os prisioneiros era um ato de crueldade. A piedade tampouco vinha a propósito. Os presos deviam ser torturados por razões de segurança nacional, que iam além de sua pessoa.

Quanto aos prisioneiros que seguiam escoltados para a morte, de início diante dos meus olhos (via que eles deixavam o campo) e, mais tarde, em Phnom Penh, nada mais evocavam para Deuch, que depressa se tornou o especialista, a alma danada das eminências do partido, para as quais o prisioneiro nada mais era do que um campo operacional... Mas então, dada tal engrenagem, como explicar a "exceção" de que eu tinha sido objeto? Como aceitar tal "dádiva" sem me sentir culpado, sem me tornar um insulto à execução dos demais?... Na atmosfera de gás asfixiante que exalava dos aposentos da antiga escola, a questão do meu indulto se apresentava de maneira vertiginosa. Agora sei que Deuch, na verdade, saiu debilitado com minha libertação. Pouco depois, a prisão de outro francês igualmente inocente, Jacques Loiseleur,[2] proporcionou ao aprendiz de algoz a oportunidade de se redimir, reconquistando a estima dos chefes e legitimando sua conduta aos olhos da Angkar. As condições de sua reabilitação estavam inscritas nele mesmo, no seu foro íntimo, nos recessos da consciência onde mal penetramos, onde as constantes da nossa verdadeira natureza deitam raízes já na infância.

As paredes úmidas e pegajosas de Tuol Sleng me mostraram a abominação, a devoração, os tormentos com que se deve ter saciado o "camarada Deuch" para continuar a trabalhar ali. Sentia calafrios ao pensar no brilhante revolucionário que eu tinha conhecido, ao lado daquele possesso que continuava a ser o meu semelhante.

Redescobria meus espectros lançados aos corredores da morte, paralisado pelo temor de escapar uma segunda vez como um zé-ninguém, sorrateiramente, reconfortado no íntimo pela fé numa nova era que não tardaria, confiante na primazia do espírito, na dignidade humana, no triunfo dos valores morais. Por único viático, um coração cheio de tudo aquilo que todos na verdade almejam: viver num mundo povoado de pessoas boas e puras, que rejeitam a guerra por amor à paz, a morte por amor à vida; ver os horrores da existência aplainados, tal como se removem e se contornam os obstáculos nos sonhos...

Assim, em que registro berrar o nome do monstro de Tuol Sleng sem medo de fazer ouvir o inaudito? Como "matar a mentira sem ferir os homens"?[3]

4. O detento, 1999

Após os anos de turbulência que se seguiram à minha libertação, depois do reinado de terror da guerrilha no poder, convenci-me de que o homem cujo nome ficará para sempre associado ao "algoz de Tuol Sleng" também havia desaparecido, preso, por sua vez, no visgo inelutável da revolução.

Foi preciso me refugiar na Tailândia, onde encontrei, em Vieng Papao, no norte do país, um texto em escrita yuan da mesma tradição que havia começado a estudar no Camboja. Após tal descoberta, que me fez esquecer por algum tempo o Khmer Vermelho — sem, contudo, atenuar o sofrimento que desde logo se inscrevera de forma incurável em mim —, decidi instalar-me em Chiang Mai e construir ali o primeiro núcleo da EFEO, tornada minha alma mater, num belo terreno às margens do rio Ping, onde plantei algumas árvores. Dali, levei meus lares a todo o Sudeste Asiático, cujas tradições derivam do mesmo substrato búdico: a Birmânia, o sul da China e especialmente o Laos. O mundo antigo se achava em vias de transformação nessa parte da terra. Hélène estava nas Ardenas com a minha irmã; Charles e Laura, as duas crianças de que em breve me tornaria pai, não saltariam como ela sobre o dorso dos varanos... No final dos anos 1980, recebi uma proposta para comunicar os resultados do meu trabalho de pesquisa à École Pratique des Hautes Études (EPHE), situação que me obrigou a retornar periodicamente à França.

Dez anos mais tarde, em 1999, estava eu em Paris ministrando meus cursos, como fazia todos os anos no mês de maio, quando recebi um telefonema de um jornalista da *Far Eastern Economic Review* chamando do Camboja: "Hello! Tenho aqui na minha frente uma pessoa que se diz seu amigo e que gostaria de revê-lo. Ele tem algumas revelações a fazer, mas disse que só falará a você".[1]

O "amigo" em questão era o "camarada Deuch", que eu tinha por morto. Após a queda do regime em 1979, ele fugira, ocultando a identidade sob diversos nomes, como alguém fadado a renegar sua sombra. Pouco a pouco, acabou por encontrar um emprego remunerado numa organização cristã americana. Seus novos patrões o apreciavam pelas qualidades de rigor e eficácia que havia demonstrado na organização dos acampamentos de refugiados e órfãos nas proximidades da fronteira tailandesa.

O antigo carrasco surgia por sob a mortalha dos meus temores à vista de todos, ridiculamente coberto com os farrapos da monstruosidade. Para mim, porém, essa aparição representava muitíssimo mais que isso: Deuch estava vivo, embora fosse possível questionar se ainda era propriamente viver, seguir vivo daquele jeito: escondido o tempo todo numa cova, sem atestado de óbito, e condenado por toda a eternidade a permanecer à beira de outra cova, ainda mais terrível, que lhe tinham cavado os supliciados de Choeung Ek.[2] Entretanto, bastou saber que ele continuava vivo para que as minhas lembranças de pronto se corporificassem.

Mal desliguei o telefone, e todo um segmento do meu passado veio à tona com a força de um impulso irresistível, cuja emoção me armou da coragem necessária para retomar as coisas do ponto em que as tinha deixado: como as percebia ainda, senão como as vivenciara então. Deuch se me afigurava nalguma paragem das brenhas cambojanas, incógnito e disfarçado, e eu tentava imaginar como devia ser a vida cotidiana de um carrasco após o temerário e monstruoso crime, uma vez refugiado na normalidade, na vida em comum, falando e vivendo novamente como todo mundo.

Já tinha, com efeito, escrito algumas páginas no Laos e lhes dado um título: *Le Portail* (O portão). Começavam com a morte de meu pai e com minhas tribulações na embaixada da França, em Phnom Penh. Nas minhas evocações, a morte a que tinha escapado me outorgava uma espécie de acesso à morte do meu pai, confundindo-se com ela. Sem saber por quê, eu sentia a necessidade de materializar essa articulação entre o antes e o depois, entre o interior e o exterior, tomando como ponto de partida a imagem do portão da embaixada, que havia permitido aos detentores de passaporte estrangeiro escapar ao êxodo da capital, em 1975. Mas o projeto fora abortado. Teria sido preciso aprofundar a matéria, tentar assentá-la firmemente sobre o relato do meu cativeiro, e isso parecia algo demasiado remoto, enterrado a grande profundidade. Havia me apegado tão pouco à lembrança de Deuch que minha memória não guardara nem sequer as minúcias que fazem reviver as coisas. Tinha a impressão de não recordar mais nada, de que seria preciso recriar tudo, sem poder mais dispor do repertório de imagens que havia preservado por algum tempo e, no entanto, negligenciara em fixar uma que fosse. Estava longe de imaginar que as impressões fugidias, as sensações e emoções que me tinham tocado de modo tão efêmero em plena derrocada moral haviam de fato deixado traços que ainda estavam depositados em mim. Aquilo que experimentara tão duramente permanecia disseminado no meu ser, prestes a ressurgir de seus desvãos e estratos mais recônditos. Enquanto o desaparecimento de Deuch tinha se assimilado lentamente à sua morte em mim, a súbita ressurreição, como um bafejo portador dos miasmas do M-13, veio reavivar a lembrança da interação misteriosamente surgida do confronto com o homem em cujas mãos o destino me intimara brutalmente a depor a vida.

A partir daquele instante, minha consciência não encontraria mais descanso enquanto eu não reconhecesse, não confessasse e não declarasse minha própria verdade sobre o que realmente tinha se passado, e sobre o modo como eu o tinha vivido.

Escrever sobre si mesmo é se lançar a uma composição barroca feita de contrastes, tensões e movimentos abruptos. Há nisso uma mistura de antíteses, sobrecargas e elementos discordantes da qual é possível exumar as relações fundamentais e originais de antigas e gratas recordações que nunca são mais do que pequenas atualizações pessoais. Mesmo quando as nossas ações se desvanecem com o tempo, de certo modo elas ficam registradas na trama dos dias. É possível revê-las, objetivá-las, descrevê-las, reelaborá--las, ouvi-las novamente como se faz com os sons na música concreta, de modo a torná-los mais tangíveis, desentranhar-lhes a força expressiva, reconstruir-lhes o encadeamento e encontrar--lhes as ressonâncias naturais e autênticas. Tive de espelhar-me nos pintores a quem repugna ter o modelo ou o motivo diante dos olhos, seguros de poder imprimir aos seus quadros uma verdade mais profunda pintando de memória. A realidade presente nunca é totalmente real enquanto não for consignada à memória.

O ato de escrever também era uma audácia para mim, demandando um exame mais sutil que o exigido para simplesmente contar uma história. Quanto mais fundo sondamos a alma, quanto mais nos aventuramos a exprimir o pensamento íntimo, maior é o risco de não nos encontrarmos nas palavras. Era imprescindível que eu me resignasse de início a registrar tão somente o confessável, antes de passar ao inconfessável, se para tanto tivesse coragem. Apesar da vontade de sair em busca dos fatos, achava-me então bem distante do meio no qual a experiência do M-13 tinha me precipitado. Apenas um ou outro pensamento ainda vagava ali, como um insólito fogo-fátuo sobre o pântano das minhas fixações e recalques. A sinistra interação que tinha se exercido entre Deuch e mim não me suscitava senão impressões dolorosas, como as de um esquartejamento — no sentido de uma "reciprocidade" que se tornara difícil de compreender, em que cada qual tinha desempenhado um papel.

Voltar a tais impressões exigia que eu me fiasse na tenacidade de sensações remotas: sons, odores, sabores de tempos passados, de que o homem se impregna à medida que o tempo passa, sem se preocupar em registrá-las, apenas tocando de leve e de longe aquilo que vê, ignorando o que experimenta. Fantasmas evanescentes, meditações amorais ou sublimadas, sensações que engendram pensamentos, não é mais possível esquecê-las tão logo interagem conosco: são as sensações o autêntico fundamento do nosso modo de ser e raciocinar. Foram elas que me impeliram a escrever, tendo sua emergência aberto em mim portas invisíveis.

Quem era eu trinta anos antes, quando fui solto e deixei o M-13? Estava vivo: logo, já era outro. Bem depressa, tive de retornar às minhas origens — mas, onde?... Sobretudo, não alhures, procurando novos horizontes, mas refazendo meus próprios passos desde os tempos do rapaz de Bar-le-Duc, do oficial alemão, das mulheres de cabeça raspada do tempo da Liberação, do pardal que abati com um tiro de carabina a pique sobre o parapeito da janela do meu quarto, quando menino... De todos os diferentes seres que me constituíam, feitos de vagas representações pairando lado a lado como brumas sobre mundos obliterados pelo tempo, não havia um que não se obstinasse em traçar minha irrevogável trajetória. Eu era um amontoado instável de partes devolvidas à vida num mundo que continuava a ser familiar e que eu redescobria, de torna-viagem, como uma terra nova que permanecera desconhecida para mim.

Escrever, nessas condições, era sugerir que aparentemente nada mudara, que eu tinha somente adquirido espessura, talvez mudado um pouco por dentro, e, a um só tempo, assumir que Deuch, embora já tivesse deixado o local havia muito tempo, ainda se encontrava em mim, como um ovo deixado por um inseto. O jovem algoz me fizera o depositário de um terrível segredo, impossível de sair à luz, como esses organismos anaeróbicos que é preferível deixar na turfa e não levar ao ar livre, visto que não poderiam sustentar vida no novo meio. Arriscar-me a exumar a imagem abjeta que ele me deixara dele, mostrar ao mundo os traços hereditários de um arquétipo humano com o qual não queria me assemelhar... Nada disso me atraía, em absoluto.

Todavia, cada ser não veio ao mundo para testemunhar e assim manifestar sua verdade particular? Para isso, porém, eu precisaria mergulhar nas profundezas do meu ser e encontrar Deuch no seu meio natural, tal como se reconstitui o habitat de um sáurio pré-histórico unicamente a partir da forma dos dentes e do desgaste das garras impressas entre as placas de xisto. Nunca antes vira de tão perto semelhante criatura. Dessa contração no tempo, foi-me dado fazer uma análise completa de sua fisiologia, ora desdobrada diante dos meus olhos como uma prancha de anatomia, e nela distinguir os pormenores mais sutis e mais ricos de sentido, muitos dos quais remontavam à Criação. Desde o começo, havia desvendado no seu perfil perdido o contorno de uma mandíbula coroada de dentes — característica dos monstros, dos mais antigos aos mais modernos —, mas, em seguida, essa visão depressa se furtou a todos os processos de memorização.

Sem ter uma ideia preconcebida do resultado, comecei a escrever e a refletir detidamente sobre a matéria com uma curiosidade tingida de inquietude. Nas esferas esquadrinhadas, como em velhas oficinas abarrotadas de objetos empoeirados, o que eu havia incorporado antigamente tinha o misterioso condão de ressurgir com as significações intactas. Aí, deparava com os efeitos do espetáculo dos seres e das coisas que os meus sentidos tinham fotografado: à medida que se desenrolavam, eles provocavam um turbilhão de impressões, energias plásticas e imagens elementares que correspondiam exatamente à cronologia dos acontecimentos, até nas mais improváveis circunvoluções da minha rememoração. Enquanto rabiscava frases, podia ver quase instantaneamente fotografias que, graças a um estranho processo, somente tinham alcançado tamanho grau de revelação após anos ou mesmo decênios de lenta elaboração.

Tal trabalho, surpreendentemente, proporcionava-me prazer, ainda que sentisse pavor ao pintar a expressão dos olhos de Deuch — grave, dolorosa, colérica, contida —, quando lhe acontecia de levantar a mão para uma vítima, como fazem as crianças, exceto que não havia ninguém por perto para intervir e impedi-lo de golpear. Uma série de questões me aturdia: e eu, como teria suportado na própria carne o tormento das tenazes ou o açoite com tripas de búfalo? O que acontece que provoca repugnância e sobressalta o espírito quando da passagem de uma colherada de substâncias fecais resfriadas na garganta? Acima de tudo, tentava figurar a expressão de Deuch caso ele tivesse de me torturar — e, inversamente, a minha, se tivesse de espancar os pobres infelizes estendidos aos meus pés, banhados em pranto na penumbra do calabouço.

Na realidade, como a escrita implica um modo mais sutil de apreender as coisas perto daquele que ordinariamente se basta ao funcionamento do espírito, era-me fácil, à medida que as frases se sucediam, entrar na pele de qualquer tirano simplesmente percorrendo as vias ad hoc: um exercício sem igual para expor os verdadeiros segredos da nossa natureza íntima, e a distância entre mim e Deuch diminuía ainda mais. Ao apropriar-me de sua ação perniciosa, ela se tornava menos impressionante, se não mais aceitável. Assim, consegui discernir por quantas afinidades imperceptíveis eu incorporava uma proximidade que parecia a priori absurda, e o quanto essas afinidades pareciam indissolúveis das propriedades humanas com que a natureza me havia dotado, bem como a ele.

A propósito disso, uma ideia distinta me atravessava o espírito. Deuch tinha poupado minha vida no intuito de fazer de mim o seu herdeiro pessoal, tendo se resolvido a revelar de uma vez por todas a alguém de que modo o inconfessável, o incompreensível logram implantar-se no homem. Perguntava-me se ele próprio, num momento decisivo de sua existência anterior, sob uma luz diversa, não teria consentido na sua sorte, como quem escolhe displicentemente uma fantasia para um baile de máscaras, com a mesma irreflexão de tantos jovens nazistas que tinham se prestado a tal papel antes dele... Interviria ele na encenação da própria carreira, como o ator de uma peça cujo sentido o ultrapassava? Em todo caso, vi o carrasco manobrar a ponto de me deixar lançar olhares de voyeur para sua morfologia interna, como deixamos uma pessoa que nos observa descobrir detalhes íntimos ou mesmo francamente mórbidos da nossa personalidade sem nos vexarmos, do momento em que compreendemos que o seu voyeurismo visa somente reconhecer em nós aquilo que ela não ousa contemplar em si mesma — ou, em todo caso, constatar que a realidade que nos habita é também a sua. Deuch tinha aprendido isso, e pagara um preço.

Tinha ele aprendido com a experiência das armadilhas que não soubera evitar a tempo: "afirmações", "provas", "convicções", "verdades"... as "evidências" todas que atiçam os homens e os tornam cruéis. O seu caso me oferecia a oportunidade de aprender sobre mim coisas que jamais teria vindo a conhecer no mundo cotidiano. Entrava-se aí num terreno repleto de questões sacrílegas.

Recebia eu algumas dessas revelações como quem sofre um choque após uma experiência espiritual demasiado intensa, como as que abalaram sobremaneira Sidarta (o futuro Buda) ao deixar o palácio de seu pai. Vi-me, de repente, na situação de alguém que surpreendia o horror no âmago de tudo o que lhe era dado ver no dia a dia. Apesar das precauções tomadas para evitar qualquer ocasião reveladora do verdadeiro estado das coisas, o bodisatva tinha tido três encontros: com um ancião, um doente e um morto. Cada encontro constituiu para ele um motivo dramático de renovação, uma ruptura definitiva, o meio de meditar sobre a indefectível supremacia da dor que nos habita e se transportar acima do mundo. Guardadas as devidas proporções, era o que se passava comigo ao considerar o perfil de Deuch: reconhecia-lhe as três aparições — tendo a minha meditação por objeto particularmente a natureza específica do ser humano, mas com uma distinção de valor: num quarto encontro, dessa vez com um religioso, Sidarta se apercebe de que existe um remédio para a dor. Quanto a mim, o sofrimento percebido nos olhos do algoz me deixou sem esperança.

O revolucionário fervoroso acabava de abrir-me os olhos para algo de que nem remotamente eu suspeitava, erradicando definitivamente de mim toda forma de otimismo. Hoje, não posso deixar de pensar que, ao me revelar os segredos de sua própria natureza, ao assumir o risco de desvelar a parte mais sombria de sua humanidade, Deuch quis me mostrar os contornos da minha com pleno conhecimento de causa, como quem lança uma advertência ao viajante em perigo, apontando-lhe de longe os escolhos. Ao revelar-me seu desespero, ele me enviava um alarme cujo sentido e máximo alcance constituía justamente a provisão que lhe faltara no caminho, da qual ele não duvidava que eu, por meu turno, fosse necessitar.

A realidade de um mundo onde o bem e o mal se achavam indissoluvelmente ligados não era perceptível senão para ele e seu grupo no M-13. Os prisioneiros não se apercebiam de nada nas dilações que lhes eram concedidas: para eles, Deuch não era senão o algoz. Quanto a mim, durante o tempo do meu cativeiro, não estava absolutamente em condições de me solidarizar com ele por partilharmos tão pesados fardos. Submetido ao arrebatamento geral e aos rápidos movimentos que se executavam no campo enquanto aguardava minha vez, era-me impossível tomar o recuo necessário, dispor-me a ouvir no próprio local aquilo que mais tarde falaria a mim. Ao seu modo, Deuch me disse que era possível ver o necessário, compreendê-lo e até aceitá-lo, e ao mesmo tempo se sentir invadido por infinita dor. Mas foram precisos 28 anos, desde que o eco de seu grito sepulcral chegou primeiro aos meus ouvidos, para que eu me pusesse a escutar a mensagem, como se a tivesse descoberto numa garrafa lançada ao mar. Ademais, foi preciso que ele próprio viesse me trazê-la de onde estava, e que seu espectro saído da tumba se apoderasse novamente do meu espírito.

Em *Le Portail*, remonto ao M-13 a tomada de consciência de uma suposta hereditariedade comum a nós, ambos nascidos de um ovo idêntico, com o mesmo patrimônio genético, os mesmos cromossomos. Tratou-se de um erro de paralaxe ligado à misteriosa reaparição do espectro de Deuch. Na verdade, tal impressão foi o fruto degradado de um trabalho subterrâneo — como uma sombra que desvanece à medida que se alonga, antes de seguir seu curso —, trabalho que só tomou forma em mim por ocasião do lançamento do livro, quando, de entrevista em entrevista, as ideias começaram a borbulhar na minha cabeça.

Penso, por exemplo, numa questão precisa levantada pelo aspirante Désert,[3] a qual me trouxe subitamente ao espírito, sem muito raciocinar, a ideia de que o verdadeiro herói, se é que ele existe cá embaixo, é aquele que demonstra coragem não em luta contra os outros, mas contra si mesmo. Ter coragem em presença do duplo que nos arremeda e ameaça, e contra o qual só dispomos de precárias defesas.

Às vezes, perguntava a mim mesmo se a confiança que Deuch tinha depositado em mim, a ponto de me revelar seus crimes, não havia sido uma forma de abrir a alma com alguém, como quem abre a guarda no meio da batalha, quando já não lhe sobram amigos. O homem que as leis da guerra tinham posto acima das leis da consciência se descobrira imprudentemente diante de mim, tanto o plano inclinado sobre o qual já escorregava seu idealismo lhe parecia inelutável.

Hoje me pergunto se a lição de Sarah e o silêncio de minha mãe não me teriam acudido justamente no momento em que me vi estupefato, sem palavras, diante de Deuch.

Trinta anos depois, Deuch se lembrou de mim ao ser preso, chamando-me de "meu amigo Bizot". Acho que jamais houve amizade entre nós. Era algo que ele não podia se permitir em absoluto, na época; quanto a mim, era demasiado dependente dele. Afinal, não esqueçamos, o cavalheiro tinha sido encarregado de me liquidar!... Em contrapartida, se minha libertação me pareceu uma questão de justiça e nada mais, obtida malgrado as imprecações de Ta Mok, ela também acabou resultando numa vitória perigosa para Deuch. Nada de francamente positivo a comemorar nisso tudo, nem alegrias, nem esperanças, nem coisa alguma senão o temor que nos unira durante alguns segundos, quando a situação periclitou na reta final. O risco de uma cilada de última hora o levou a providenciar um carro, a fim de demover Ta Mok de qualquer intento de me sequestrar no meio da noite.[4] Foi nessas circunstâncias, aproximados por um perigo comum, que nos separamos um do outro — guardo na memória, com bastante nitidez, a fraternidade de sua expressão nesse derradeiro instante. Nossos destinos se descobriam e nos separavam à beira de um caminho debilmente iluminado pela lua, como duas peças acessórias de uma engrenagem monstruosa, da qual ele não via nenhuma saída para si.

Era-lhe agradecido, por certo, mas não a ponto de sentir gratidão profunda, talvez porque eu não chegava a imaginar a outra sequência de eventos: a do meu desaparecimento. Afrontar a morte não a torna algo corriqueiro, antes nos distancia dela. Desse ângulo, apesar do preço exorbitante que ele já pagara para se aproximar do inferno, imaginava o miserável muito mais destituído do que eu. No entanto, não esquecia que certa feita eu também tinha me dominado e me tornado senhor dos meus atos. Meu comportamento não tinha sido tão diferente do seu, pois sacrificara ao mesmo deus, para o cumprimento do mesmo voto, e sucumbira ao mesmo vexame, contra minha consciência. A selvageria com que golpeei Sarah se confundia na minha memória com a aplicação do inquisidor diante das vítimas infelizes. Ambos tínhamos recorrido à mesma ferocidade primitiva no plano da razão e da ordem das coisas, do que ao fim e ao cabo nos resultou um enorme sentimento de culpa, porém compenetrados do implacável espírito de decisão que nos arrasta a fazer conscientemente o mal. De modo análogo, tínhamos ambos nos ocultado, salvo de um reduzido círculo de iniciados — minha mãe e minha irmã, no meu caso; os auxiliares e os chefes, no seu. Eu, por recear que outros soubessem do que tinha sido capaz; Deuch, por recear o dia em que ninguém mais acreditasse que "ele também tinha coração".[5]

Inumeráveis, posso intuí-lo, são aqueles que vivem à nossa volta sob o temor de que uma testemunha oculta lhes venha lembrar o que há pouco fizeram. É essa comunidade de pesar e vergonha que, aos meus olhos, explica que o ex-torturador possa ter pretendido ser meu amigo, enquanto eu, por mim, digo apenas "meu irmão".

Hoje, o retorno aos anos de meditação me parece tanto mais importante quanto o papel liberador de Deuch nos meus pensamentos, que por vezes despertou entre os mais otimistas "o grande temor dos *bem-pensantes*",[6] diante do qual todos congelam: depositar confiança no homem, mas apenas e tão somente na medida em que ele se assemelha àquilo que juramos ser, e se proteger dos demais.

Já ao tempo em que vivia em Srah Srang, os khmer, que sabiam melhor do que ninguém olhar a natureza humana de frente, tinham me enveredado pela senda da desconfiança. Durante o tempo de aprendizagem, antes de ingressar na idade madura, os rapazes formavam a categoria *"min'ten ches khlac"* (aqueles que ainda não têm medo). Como tais, deveriam praticar a meditação para vencer o inimigo que se supunha jazer dentro de si sob a forma de um demônio, tendo em vista seu amadurecimento e uma sabedoria a ser alcançada. Semelhantes preparativos destinados a introduzi-los no mundo desesperado dos adultos subitamente me levaram a pressagiar sombrias perspectivas para o gênero humano. A bem dizer, foi somente após o meu estágio junto do algoz que esse uso de outros tempos se esclareceu para mim: tratava-se de introduzir os jovens da aldeia ao medo de si mesmos.

*

Retomei contato com Deuch depois de sua prisão. Enviava-lhe as minhas questões por intermédio de seu advogado, o sr. Kar Savouth, e recebia por via postal suas respostas, escritas com capricho no verso da mesma folha.

Ele ocupava um apartamento térreo de apenas um cômodo no pátio do estabelecimento militar onde estava detido. A porta e os postigos permaneciam fechados durante a noite. O regime era estrito, mas aplicado com bonomia. Deuch sobrevivia em meio a uma grande penúria, e a dois passos de seu antigo chefe Ta Mok, recolhido ali depois dele, que não cessara de juntar dinheiro pela vida afora. O ancião, já enfermo, usufruía de certo conforto na prisão e encomendava suas refeições em restaurantes. Pensando na rivalidade entre ambos, que por pouco não me custara a vida, e, no entanto, originara-se por minha causa, e após muito tergiversar, enredando-me por semanas a fio em silogismos inimagináveis — "o antigo algoz me ajudou, devo ajudar o antigo algoz?" —, decidi, certa feita, enviar-lhe uma nota de cem dólares. Afinal de contas, resolver de tal modo um problema moralmente insolúvel sem ferir a consciência pública não iria prejudicar ninguém.

No dia 24 de janeiro de 2000, recém-chegado de uma rápida excursão aos Cardamomos, onde tinha conseguido localizar os restos do antigo campo de prisioneiros à beira do riacho, saí cedo pela manhã para ir a Tuol Sleng. Nesse meio-tempo, eu havia retornado várias vezes à prisão, onde acompanhava como curioso o trabalho dos pesquisadores que classificavam os arquivos. No decorrer das visitas, acabei simpatizando com a equipe de funcionários do museu, a qual, em certos dias da semana, incluía um ou outro dos sete sobreviventes que, vinte anos antes, haviam conseguido escapar com vida do sinistro calabouço.* Alguns conseguiam levantar algum dinheiro trabalhando como guias. Tinham conhecido Deuch de longe, mas nesse dia todos falavam de um incidente ocorrido na véspera, como de um drama evitado por um triz.

"Por pouco você não cruzou com o filho dele!", disseram-me, rindo.

---

* Durante o julgamento de Deuch, o número de sobreviventes identificados se elevou a catorze. (N. T.)

De fato, o filho de Deuch tinha se apresentado na bilheteria do museu à procura do pai.

Quando os vietnamitas tomaram Phnom Penh no dia 6 de janeiro de 1979, Deuch e a mulher fugiram descalços levando os dois filhos, o mais novo então com três semanas de vida. Mais tarde, viriam a nascer dois meninos, o caçula em 1986. Este último tem hoje dezoito anos e vive na casa dos avós em Skuon (província de Kompong Thom). Ao inteirar-se de que tinham prendido seu pai, e tendo ouvido falar que ele havia dirigido o centro de interrogação, tortura e execução de Tuol Sleng, ligou ambas as informações e resolveu tomar um ônibus para Phnom Penh.

O estudante era egresso da zona rural e um tanto inseguro; tinha a tez alva e delicada, como a do pai. Um moto táxi o deixou em frente ao portão de arame farpado da antiga prisão, no momento em que os primeiros veículos adentravam o pátio, onde os visitantes estrangeiros e seus acompanhantes, apinhados na entrada, dirigiam-se uns aos outros com perguntas e pedidos de informação. O jovem se misturou à multidão.

A bilheteira fez que ele repetisse várias vezes, antes de ter certeza de que se tratava do filho do algoz. Imediatamente, fez-lhe sinal para que se calasse e o conduziu a uma área situada atrás do último barracão, onde ficavam os funcionários do museu.

"Psiu!...", disse ela, tomando-o pelas mãos e fazendo-o sentar. "Você não deve dizer quem é, nem pronunciar o nome de seu pai. Não percebe? É perigoso. Podem querer descontar em você. Muita gente morreu, entende?", suplicou-lhe ela, cheia de piedade, rodeada de funcionários que encareciam suas palavras e cuidavam para que ninguém se aproximasse. "Seu pai não está aqui. Está na prisão militar, a meia hora daqui."

O filho caçula de Deuch demorou-se algum tempo diante de uma xícara de chá; um dos funcionários o acompanhou para se certificar de que ele não era seguido, fazendo um trecho do caminho ao seu lado, na direção que o levaria onde estava seu pai.

*

Desde a publicação do meu livro, tive a intenção de rever Deuch, mas não lhe permitiam visitas. Ele próprio, de resto, não queria receber ninguém, salvo os filhos, o confessor e, acrescentava, a mim. Era coisa curiosa de se ver, como nossos respectivos papéis tinham se invertido, e eu reparava que nos seus pensamentos o meu lugar havia pouco a pouco sobrepujado o que ele ocupava nos meus: no foro de sua consciência, não seria eu o único álibi moral suscetível de ser invocado?

Todavia, eu não esperava grande coisa das suas "revelações", mesmo que fosse interessante conhecer os bastidores da cena onde a minha vida fora decidida num lance de dados, ou ouvir de sua boca em que circunstâncias ele havia ordenado o assassinato de Lay e Son. Meu verdadeiro interesse seguia uma linha inteiramente diversa. Não me era indiferente que ele desejasse conversar comigo, não como quem quer restabelecer, por intermédio de um antigo conhecido, uma ponte entre seu passado e seu presente, mas para dar prosseguimento a um diálogo interior com ele que nunca pôde ter continuidade. Compreender o que tinha se passado na sua cabeça e, simultaneamente, no seu coração, rever as coisas ao seu modo: eis o que eu queria. Entabular uma livre discussão com ele me parecia ser o único meio de descortinar novos horizontes em mim mesmo.

Cuidei de enviar-lhe o mais rapidamente possível uma cópia de *Le Portail*, algo que não podiam recusar-lhe, como havia garantido seu advogado. A minha curiosidade em recolher suas impressões de leitura no calor do momento, em ouvir as suas palavras no lugar das minhas, em cotejar meu relato com suas lembranças (com o único inconveniente de um adendo à próxima edição), tinha me levado inclusive a lhe assegurar esse direito junto às altas autoridades.

É claro que eu não esperava que ele se dispusesse de bom grado a recapitular fatos cuja simples evocação me parecia suscitar interditos da ordem do sagrado. Tomo como exemplo a recente conversão religiosa de Deuch: se fosse preciso traduzir-lhe a perturbadora experiência da morte e do sofrimento do outro em termos cristãos, poder-se-ia ajuizar facilmente a amplitude de sua perplexidade. Não, para que Deuch se autorizasse moralmente a encarar seu passado, seria preciso uma revelação mais elevada, um traumatismo mais comprometedor do que a inócua conversão de uma fé a outra, e me parecia que o confronto das nossas pessoas, das nossas existências, poderia servir de evento deflagrador.

Em todo caso, eu também desejava rever Deuch de um jeito ou de outro, sem precisar justificar-me. Não havia nada de pessoal nisso. Quisera talvez que o nosso encontro fosse como o de Gitta Sereny e o comandante de Treblinka, como o de Hannah Arendt durante o processo de Eichmann. Gostaria de ouvi-lo fazer o balanço de sua terrível queda no gênero das confissões de um Rudolf Hess, cujas reflexões pessoais e observações íntimas, a meu ver, podiam ser comparadas, sob certos aspectos e não sem nuanças, com as notas que ele me enviava.

De modo inverso — é algo curioso e difícil de dizer, mas o que me interessava propriamente nesse encontro era algo que parecia se desencarnar, se desprender da pessoa de Deuch. Agora que ele estava aí, vivo e consciente, a carregar sua cruz, tinha a impressão de que sua sorte me interessava muito pouco, ou, em todo caso, cada vez menos. Provavelmente, eu esperava daquele homem outra coisa, e ao fim e ao cabo muito mais: uma segunda libertação. Sem encontrar nem procurar escusas para ele — a questão, a meu ver, não estava realmente aí —, sentia a necessidade de ver as coisas de muito perto. Estava ansioso por sair de uma vez por todas, se possível, do estado de dúvida e perplexidade que me perturbava desde seu reaparecimento, estava ansioso por saber o que era um "ser humano" vivo em tais condições.

Vinham-me ideias obsedantes, insuportáveis, como se certas coisas só pudessem ser pensadas no limite, como se Deuch detivesse um segredo filosófico fundamental que ele havia levado tempo para elaborar e aprofundar, mas sobre o qual guardava silêncio, por não haver mais ninguém capaz de ouvi-lo. Meu papel, nesse nível, era me aproximar dele sem nenhum disfarce, como já o fizera antes, mas dessa vez para levar o conflito até o limite: para além das palavras, até penetrar-lhe o mistério e alcançar a alma sob a inteligência. Estar com ele num aposento sem falar.

Foi por ocasião das filmagens de um documentário sobre os acontecimentos evocados em *Le Portail*[7] que, no dia 21 de fevereiro de 2003, obtive permissão para conversar com Deuch sobre tópicos que deviam "estar compreendidos nos fatos".

É preciso dizer que, nesse meio-tempo, talvez com a idade, eu tinha me tornado uma dessas pessoas afligidas por uma espécie de perturbação sensorial, cuja sensibilidade farisca previamente aquilo que deverão roçar ou tocar, tal como existem pessoas anormalmente dotadas de um olfato demasiado sutil. Elas pressentem com repulsa os miasmas exalados pela proximidade física de outras pessoas. Em tais condições, tocar a mão de Deuch seria algo dificilmente suportável. Era correr o risco de ser contagiado pela infâmia, pelas excreções de sangue dos supliciados, pela fina matéria que ainda recobre as paredes de Tuol Sleng e que adere para sempre à pele dos algozes. Tornar-me culpado de esconder um criminoso e participar, por minha vez, de cenas de tortura, como para aliviar-lhe outro tanto a consciência. Sorrir-lhe, simplesmente, já me parecia um sinal dúbio de conivência. Ou seja, contava muito com essa estranha fobia originada de tempos imemoriais para me precaver contra o risco de tão odioso contágio.

A entrevista aconteceu num aposento ensolarado que servia de locutório, em presença de um escrivão e de dois juízes militares. Fizeram-me sentar enquanto aguardava o detento. A diretiva terminante era evitar qualquer contato físico com ele. Ora, quando Deuch apareceu escoltado por dois guardas e me procurou com os olhos, fui eu quem me levantei com a mão estendida em direção da frágil silhueta espantosamente envelhecida, impressionado pela intrigante figura saída da reminiscência. O antigo revolucionário retribuiu o meu gesto de forma um tanto distraída, e pude ler na expressão disciplinada de seus olhos que ele havia esperado que eu o tivesse saudado de longe. Certa inquietude se apoderou de mim, ao toque rugoso desse homem que me salvara a vida e que havia muito eu relegara ao subconsciente. Perscrutei por longo tempo sua face, decerto com a mesma avidez do momento em que cheguei ao campo de prisioneiros. Dessa vez, porém, era para desentranhar aquilo que novamente se ocultara ali. Na realidade, foi como se pousasse os olhos sobre a fotografia recente de uma pessoa especial que eu reconhecia, embora não fosse aquela que me habituara a ver na recordação. Por isso, a transformação daquele rosto era duplamente impressionante; nele, encontrava expressões perdidas, ao mesmo tempo que era totalmente surpreendido por suas feições.

Um raio de luz ofuscante trespassou a poeira imponderável que a sua entrada havia levantado no ambiente. Indaguei-lhe sobre as condições de vida na prisão, como prisioneiros que conversassem entre si: "E que tal é aqui, dá pra ir levando?". Senti imediatamente a incongruência da pergunta e precisei repeti-la para me fazer entender.

— Hum... — retorquiu ele sem me ouvir, meneando a cabeça. — Eu não o teria reconhecido.

— Bizot! — insisti, apontando o dedo para o peito.

— Eu sei. Pensava muito em você na época. Tinha 27 anos, sou de 42.

— E eu, trinta...
— Pensei que tínhamos a mesma idade.
— Não.
— Ta Mok não queria que eu visse o relatório do "supremo". Não se dizia "Pol Pot", se dizia: "O supremo". Na realidade, era a ordem para soltá-lo. Recordo que bebemos café sem açúcar na noite de Natal!... Depois, na estrada, não reconheci nenhuma das quatro pessoas que estavam no carro. A certa altura, tomamos um desvio e fiquei um tanto assustado.[8]

Deuch não trazia mais sobre a fronte o menor vestígio, o menor reflexo dos poderes que eu havia conhecido; em compensação, os terríveis segredos trazidos da longa temporada na casa dos mortos tinham exercido uma pressão grosseira sobre sua fisionomia. Assombrosa visão! À amargura exprimida pela fina teia de rugas de um rosto que eu conhecera tão jovem, vieram se misturar ligeiros toques de marrom, impressionistas, que lhe barravam de listras as têmporas e ressaltavam a sombra das linhas de seu inexorável destino. Tal fisionomia revelava agora coisas que ignorava ao seu respeito. Parecia um rosto cunhado sobre uma medalha, o qual se pode distinguir também do avesso. A inquietação que sentia por se achar na minha presença lhe conferia uma expressão duplamente demoníaca. Enquanto os meus olhos o esquadrinhavam por sob as manchas de ferrugem, feito antigos salpicos de sangue, suas feições se descontraíram lentamente e uma ligeira emoção pareceu espraiar-se pelo seu semblante. Ora, teria ele ainda, mesmo depois de Tuol Sleng, uma interioridade e uma alma que ninguém se dispunha a sondar, exceto eu? Nesse instante preciso, consegui identificar no insólito de sua composição o rosto da pessoa que eu conhecera e relembrar que aquela figura do mal nem sempre tinha se escusado ao bem. Não sei se mais me admirava ou me espantava a ideia de que, ao longo de vinte anos de fuga, Deuch tenha podido continuar blefando, a mão pousada sobre o comutador — ora melindroso, ora dócil —, à imagem dos predadores que escolhem permanecer em meio às presas.

Sentamo-nos a uma extremidade da mesa. Meneando a cabeça, Deuch repetiu que poderia ter cruzado comigo na rua sem ter me reconhecido. Os juízes o tinham autorizado a se exprimir somente sobre determinados fatos, tais como as circunstâncias da morte de Lay e Son ou a minha libertação, que eu já conhecia. Quanto a mim, estava curioso em saber se ele havia recebido os treze volumes de *O capital*, de Marx, e o pequeno suprimento de comprimidos de quinina que lhe despachara, para Lay e Son, mediante pagamento a soldados de Lon Nol em Oudong... Na verdade, ficamos olhando um para o outro, mais que tudo: eu, enquanto pensava nele, muito mais do que o ouvia; ele, enquanto aplicava a visão a imagens que ora lhe retornavam sob aparências diversas.

No momento da despedida, senti-me invadido por uma espécie de desinteresse, de indiferença, afora a impressão de me encontrar repentinamente diante de um completo estranho, cuja sorte me deixava frio e insensível. Já não sentia os efeitos que os primeiros instantes do nosso reencontro tinham produzido sobre mim, e subitamente me dei conta de que acabava de vê-lo "a sós": seu ser, sua pessoa, tudo nele se tornara só, tão só que parecia criar um vácuo no ambiente.

Essa nunca tinha sido a impressão que ele passava no M-13. Deuch vivia, sobrevivia e pautava sua conduta por um controle estrito, como que submetido a uma transfusão, ligado permanentemente às malhas cerradas da grande teia que lhe haviam tecido e que o identificava, como entre as aranhas; toda sua ação procedia da doutrina superior e do engenho de seus pares. Ora, ali, naquela cela, o espírito do prisioneiro já não emanava de ninguém. O homem do M-13 havia abandonado o detento de Phnom Penh, este não podendo ser aquele senão quando entre os antigos camaradas.

E se o cerne da questão estivesse aí: entre essa terra de ninguém e essa promiscuidade? Quero dizer, no intervalo paradoxal que separa o indivíduo solitário daquele inserido numa comunidade, que distingue entre o que se faz individualmente e o que se faz de modo solidário, coletivo? Honestamente, com quem nos havemos depois que o carniceiro deixou a canastra onde os caranguejos se devoram uns aos outros, depois que se libertou dos mecanismos degradantes que o haviam atirado ali? Espera-se encontrar o diabo, descobre-se uma pessoa desamparada, sem memória, sem papéis de identificação, sem bagagem, que só pensa numa coisa: mudar de vida.

Se é verdade que o valor de uma sensação se mede pelas inquietações e melancolias que lhe secundam, ocorreu-me que eu já tinha sentido quando jovem o que sentia agora. A cena me reportava aos motivos de reflexão a que me dedicava na época, quando supunha que a índole de nossos ancestrais remotos os levava a viver no presente, sem se preocupar com o dia seguinte, a morrer à noite e renascer pela manhã. Quando a morte chegava, ela os arrebatava como uma vaga em plena noite, sem que notassem. Existir plenamente se reduzia a desempenhar as ações do dia a dia, a vida após a morte não eram senão os sonhos. Nada de dia seguinte, nada de recompensa, nada de culpabilidade. Nada de projetos tampouco, nada desses empreendimentos coletivos que exigem cálculos, promessas e grande número de vidas. O homem moderno se afirmaria mais tarde, associando as frustrações da véspera a auroras radiantes.

Hoje, aos 71 anos, há muito entrado na idade da dúvida, tenho consciência de ter oscilado constantemente entre dois estados insolúveis: por um lado, a sensibilidade ao instante, a percepção do segundo que se aproxima, essa paleta intemporal cujo artifício prezo para me desviar das ameaças do futuro; por outro, representações em perpétuo devir, a invasão sistemática de abstrações que me encerram numa alegria que não sou mais capaz de perceber. Despreocupação com o presente, inquietação com o futuro — cada qual agindo como uma droga para fazer esquecer a outra.

Quando os juízes acenaram aos guardas para levar Deuch de volta ao seu alojamento, este se animou de súbito, como um colegial travesso ao tocar o sinal do recreio. Perguntou-me bruscamente, como quem trata de obter uma informação a toda pressa, em que circunstâncias a mãe de Hélène tinha morrido — o que desmenti categoricamente, já que ela vivia na França. Deuch ficou pasmo, como se a sobrevivente tivesse realizado uma façanha de que ele não a julgava capaz; então, quis saber como eu havia feito para tirá-la do país, e, sem dar tempo para recuperar o fôlego, o novo sobrenome de Hélène, na suposição de que ela tivesse se casado, e o nome dos seus filhos... Era preciso, a cada vez, repetir o que eu já lhe dissera, tanto ele queria saber mais detalhes. Tive de lhe prometer uma foto minha e de Hélène juntos, para que ele a pusesse na cela.

Após a entrevista, sentia um extraordinário vazio, como se nada tivesse ficado daquelas duas horas de comunicação, diálogos e troca de impressões. Aos cinegrafistas que me aguardavam no lado de fora, a única impressão que pude partilhar foi a minha surpresa por não ter visto Deuch sorrir uma só vez. Por autorização especial, o início do encontro tinha sido filmado: ao contrário do que tinha afirmado, o replay das gravações mostrou o prisioneiro alardeando sua satisfação em rever-me. Tinha simplesmente projetado minhas apreensões nele, presumindo que o executor da grandiosa obra de Tuol Sleng, alquebrado por tantas provações, já não era capaz de sorrir... O trecho gravado também mostrava a simpatia espontânea que eu demonstrara insensivelmente por aquele homem, que agora confrontava seus crimes com o mesmo rigor que outrora pusera em tudo, sem orgulho, mas encarando a todos, como uma criança contrita recorre à franqueza para melhor convencer de sua sinceridade... sabendo que seus acusadores mais zelosos seriam aqueles que a condenariam questionando-se a si mesmos o menos possível.

Ato contínuo, guiei a equipe de filmagem até o local onde ficara aprisionado, no coração da antiga Zona Especial da Região Sudoeste, em pleno território Khmer Vermelho. O encontro com Deuch na prisão tinha me desorientado. Tive de recuperar o passado palmilhando o solo de antigamente, a fim de retornar a Deuch pelo próprio caminho em que o deixara.

O lugar, cercado de bambuais, tinha o aspecto sinistro das recordações que despertava em mim. De saída, encontrei ali motivos para superar meus recalques e repressões, e me senti um tanto consolado ao reconhecer os altos pilares que tinham me servido de abrigo. Trazia comigo o croqui que Deuch me enviara, com o nome de um lugarejo fácil de ser encontrado. Pouco depois, um veterano Khmer Vermelho daquelas paragens pouco habitadas tomou nossa dianteira para mostrar o caminho. Meu filho pequeno nos acompanhava, também ele no rastro do homem que tinha salvado seu pai. Aqui e ali, pequenos bosques de lenho escuro dilapidados cortavam a extensão árida das brenhas; a mata, porém, fora assolada por uma seca tão inclemente que nada mais correspondia à ideia que guardava dela. A selva abandonada não tinha conservado nem a inclinação nem nenhuma das elevações que eu havia conhecido. A gradual extinção do espetáculo das velhas árvores da terra constituía o mais triste presságio para mim. Nessa estação, o riacho corria silenciosa e mansamente por entre bambus e samambaias raras. Quanto às belas espécies da vegetação rasteira cujo feitio ainda recordava tantos anos depois, notei que as plantas que davam na sombra tinham crescido pouco, enquanto outras espécies mais comuns e menos interessantes — à exceção do ratã, bela palma cujos talos preensores já vira enganchar na camisa dos meus guardas — tinham vicejado mais depressa. A árvore opala, sob a qual vivia encerrado no meu abrigo, erguia-se agora mais alta, mais seca, mais leitosa; dali, eu ouvia os distantes toques de sineta do meu amigo, o papa-figo… Mas eis que, em poucos minutos, sob a sombra da alta copa, como se meus olhos tivessem por fim esgotado os segredos do visível, o escoamento no chão empoeirado de uma substância que ressumava da morte, de antigos amontoados de ossadas, tornou-se monstruoso. Embora há muito não se enterrasse mais nada ali, pairava sobre o lugar um fartum nauseante de tapera sinistra.

Na volta, paramos no caminho para conhecer a família de Deuch: a mãe, a irmã e especialmente a única filha, de 26 anos de idade, nascida em Tuol Sleng, a mais velha de seus quatro filhos, que havia causado forte impressão a todos. Não pude deixar de lhe dizer que era devido ao seu pai que a minha filha ainda tinha o dela. Ambas tinham se encontrado em circunstâncias parecidas.
— Uma vez — confidenciei-lhe —, quando eu era prisioneiro do seu pai, que não tinha se casado ainda, ele me disse: "Quem sabe, um dia eu também chorarei, sem saber onde está o meu filho". Você foi visitá-lo na prisão?
Ela decidiu-se, então, a fazer a viagem até Phnom Penh. Mas sei que não foi.

5. O réu, 2009

Há quarenta anos, uma questão me obseda: terei eu, de algum modo, concorrido para o destino que fez de mim uma das únicas testemunhas no tribunal do Khmer Vermelho capaz de considerar Deuch com trágica solicitude? Tal dúvida me persegue, aumentando a cada dia que passa.

Talvez seja porque comecei minha vida em meio a uma luta ferrenha contra um inimigo detestado, que diziam ser absoluto, e mais tarde perdi essa visão ingênua do adversário. Terá sido na Argélia, quando me perguntei como seria se eu, por minha vez, me pusesse no lugar do "inimigo"? Não me acontece mais imaginar o inimigo como alguém tão diferente de mim, o que não me impede de amaldiçoá-lo com mais gana. Deuch tornou-se a grande testemunha, a pedra de toque desse dilaceramento, dessa contradição íntima, a melhor grade de decodificação que me foi dada para desvendar-me.

Tornei a ver Deuch, em companhia do juiz Lemonde, na área de segurança de sua nova prisão. Quatro celas frente a frente, repartidas de ambos os lados de um corredor. Nesse dia, a entrevista girou em torno de observações anódinas; comentamos *Le Portail* e a nota sobre suas impressões de leitura, cuja redação ele estava a ponto de concluir.[1] Por um instante, veio-me a consciência aguda de poder ler na configuração de seus traços fisionômicos aquilo que comumente se furta ao entendimento: captar o momento crucial em que as coisas se desnorteiam, compreender como o mal que nos advém está em nós, procede de nós e por meio de nós... Somente esse aspecto do indivíduo, do nosso semelhante, poderá nos tornar conscientes para o sofrimento do mundo.

Na manhã de hoje, 8 de abril de 2009, é com uma urgência que aumenta de hora em hora que as mesmas dúvidas se prolongam na minha mente, enquanto me vejo em meio ao trânsito congestionado da rodovia nacional nº 4, sob a proteção de um guarda-costas da Unité d'Appui aux Témoins et Experts (Unidade de Apoio às Testemunhas e Especialistas), num veículo destacado para minha escolta. Sei que, uma vez ultrapassados os portões do complexo judiciário, essas interrogações permanecerão mais firmemente arraigadas em mim, a única realidade, o único pensamento válido diante do campo dos mortos.

Havia recebido a notificação para comparecimento alguns dias antes, em Chiang Mai, quando já não mais a esperava. Os juízes decidiram in extremis me ouvir como testemunha da Câmara, isto é, sem ligação com nenhuma das partes litigantes. Num primeiro momento, os assessores jurídicos de Deuch haviam proposto que eu interviesse na qualidade de "especialista cultural" apontado pela defesa. Poderia ter sido a inesperada ocasião de estabelecer relações, conversar com ele de modo mais equilibrado e livre, deixar fluir as coisas mais profundas, até onde se pode cultivar tal relação de confiança no locutório de uma prisão. Na verdade, o homem do qual eu queria me aproximar, ao lado de quem sonhava estar no dia em que um de seus terríveis segredos fosse revelado, eu pensava conhecê-lo somente sob certos aspectos, aqueles que tínhamos em comum, tudo o mais permanecia um mistério... Contudo, declinei a oferta: o que eu tinha a dizer sobre a natureza humana se parecia demais a um "arrazoado de culpabilidade", a um pedido de perdão, de que os advogados do réu eram suscetíveis de tirar partido a título de circunstâncias atenuantes. Não podia aceitar que minha convocação pela defesa pudesse dar a entender que eu tencionava passar o horror por alto e minimizar o sofrimento das vítimas. Era preciso encontrar um jeito de ir além da pessoa de Deuch e guardar certa distância para me fazer entender melhor.

É por essa razão que não tinha nenhuma objeção a que fosse convocado pela acusação: para mim, apontar o dedo para Deuch era de igual modo mostrar o homem. Fosse como fosse, eu tencionava dizer as mesmas coisas. No entanto, os promotores públicos adjuntos finalmente decidiram não me convocar... Em suma, o conjunto dessas delongas, espaçadas durante várias semanas, explica o fato de eu não ter conseguido fechar os olhos por vários dias e de estar morto de medo. Passei a noite ruminando pensamentos enquanto rabiscava palavras, sem ter certeza de nada, e elaborei uma pequena lista para manter à mão, caso um nome próprio, uma data ou uma toponímia não me acudam à lembrança na hora.

Apesar do trânsito tumultuado, chegamos na hora marcada — oito horas da manhã — a uma das entradas da vasta fortaleza, cujas largas perspectivas, ao rés de um arrozal, de quando em quando e malgrado a distância, eram bafejadas pelo ar poeirento e malcheiroso das valetas e dos bueiros da cidade.

O veículo estaciona em meio a edifícios arredondados com tetos pontiagudos, diante de uma porta que leva a um corredor; deste, sai um feixe de grossos cabos elétricos, soltos em alguns trechos. Num pátio, postada ao abrigo de um pequeno templo de alvenaria, uma espécie de divindade telúrica saída de um panteão perdido brande uma clava de ferro e aponta o dedo indicador ameaçadoramente: aí, as testemunhas põem-se de joelhos para prestar juramento, uma reminiscência dos dois Neak Ta* do antigo tribunal dos tempos da Indochina francesa. Sem demora, sou conduzido através de várias repartições até uma espécie de compartimento secreto, abafado, localizado debaixo de uma escada. Aí, devo ficar de sobreaviso — se bem que teria fugido imediatamente, caso não tivesse ao meu lado uma estudante de direito da antiga Alemanha Oriental, designada pelo tribunal para acompanhar as testemunhas. Nesse momento, daria qualquer coisa para não ter de marchar para o suplício. Tenho o sentimento atroz de ter vindo aqui para cometer um crime de lesa-humanidade…

Testemunhar perante o tribunal. Relatar como o réu apareceu no meu caminho. Encarar o público, que só espera uma coisa para erguer-se de um salto: que eu faça um retrato humano do algoz, o que me tornará suspeito de explicar, compreender e, portanto, escusar — quando minha inquietação vem precisamente da impossibilidade de compaixão e, mais ainda, de absolvição. Numa palavra, assumir sem titubear — por mais graves que sejam as acusações que pesam contra ele e o horror ainda maior que as suas ações me inspiram — a empatia que estabeleci com ele na selva de Omleang. Descobrir o fundo dos meus pensamentos, apesar das vozes que hão de se levantar em nome da razão. Livrar-me dos tabus, não me desviar das questões, posicionar-me firmemente e sem constrangimento em relação àquilo em que acredito, encontrar as palavras das minhas noites de insônia, re-

---

* Divindades telúricas, produto do sincretismo dos cultos animistas locais com o hinduísmo e o budismo. (N. T.)

velar o que vi certa vez e não cesso de rever. Reafirmar, ao risco de ser rotulado de herege, a verdade ante a qual recuamos desde os primórdios: a humanidade do monstro.

Já conheço o novo Palácio de Justiça, que compreende o recinto do tribunal propriamente dito — mobiliado e revestido de lambris em madeira clara, assentos dispostos em arco de elipse, a barra e os bancos dos escrivães, do ministério público e dos advogados distribuídos diante do estrado ocupado pelos juízes — e a galeria destinada ao público, separada do recinto por painéis de vidro. Tinha estado ali no ano anterior, para os requisitos da instrução, e logo no início do processo, antes do anúncio oficial da minha convocação.

Hélène quer aproveitar a ocasião para ver Deuch em carne e osso, ao menos uma vez na vida. A personagem ocupa o epicentro de um sismo que lhe devastou a infância, estando associada às suas mais antigas lembranças e temores. Após manter as aparências por tanto tempo, havia chegado também para ela o momento de se avir com a realidade: aceitar que o homem a quem ela nunca será suficientemente grata por ter salvado a vida de seu pai seja o mesmo assassino responsável pela morte de milhares de pessoas. O próprio Deuch nunca a tinha visto, exceto em fotografias. Certa manhã, enquanto o público e os jornalistas começavam a chegar e a se acomodar em seus lugares, nós dois nos aproximamos discretamente do banco da defesa e, durante alguns segundos, Hélène permaneceu parada diante do vidro blindado, de modo que Deuch pudesse vê-la. Assim, o meu "libertador" teria a oportunidade de ver a minha filha e lhe retribuir o aceno de mão. "O que teria sido de mim sem ele?", pensa ela, olhando para o algoz.

A manobra não passou despercebida das pessoas sentadas na primeira fila, logo atrás de nós, entre elas o embaixador da França, que parece melindrado, e uma mulher em especial, uma francesa. Pouco depois, ela veio me cumprimentar. Seu marido fora assassinado em Tuol Sleng como os demais, mas ela só tinha a ele. Veio depor em memória do pai de seus filhos e do homem que ela ainda ama. Contou-me como a vida dela e a dos filhos tinha se transformado num inferno. Conheceu Hélène, leu meu livro, disse que me compreendia, mas queria que eu soubesse que não havia consolo para a sua dor. "O que não poderíamos ter sido, se não fosse ele?", cisma, olhando para o algoz…

Soa uma campainha. A porta do compartimento entreabre-se, o oficial de justiça me convida a segui-lo por uma passagem escura e eu entro em cena sentindo um nó na boca do estômago, como se fosse eu o preso: à minha frente, dezenas de pessoas se conservam em absoluto silêncio… No ambiente fortemente iluminado e calafetado, como um alçapão cuja atmosfera rarefeita terei de suportar, ocorre-me que outros estratos de uma presença mais nociva em breve me atingirão. A tragédia do algoz aparece aqui na sua quintessência, da forma mais pessoal, individual e funesta possível, numa encenação que me faz recordar que também eu tenho um lugar ali, um papel a desempenhar, e que devo responder por mim e pelos outros.

No espetáculo que se desenrola em torno do tema "a humanidade sob acusação", cabe a Deuch o papel da criatura decaída por ter feito o mal, ao querer fazer o bem. Não é possível nos purgarmos da tragédia senão através da própria tragédia, e para isso só dispomos do teatro, além das grandes cerimônias mágicas de expulsão do mal, nas eternas guerras contra o mesmo inimigo. É preciso muita dramatização, com efeito, para se apoderar de uma pessoa e subtraí-la ao seu tempo, a fim de conjurar o demônio nela escondido. Seja como for a interpretação da cena, contudo, já posso ouvir na sala o som de cantorias e danças para o exorcismo da besta.

Entre os guardas da escolta, Deuch — estranho a si mesmo, entregue às forças da justiça, pronto a colaborar, consciente do mal que lhe tocou, intuindo que foi nele, na sua própria pessoa, que tudo realmente se passou — ocupa o banco dos réus, a poucos passos donde me vou sentar. Folheia um dossiê, inclina-se para ouvir algo, enquanto seus olhos pousam em mim sem cessar, cheios de expectativa. Num átimo, se me afiguram tomados por uma angústia tão visível que me esforço para não cruzarmos o olhar. Neles, porém, torno a encontrar a mesma altivez demonstrada pelo jovem chefe durante o jantar na minha última noite de cativeiro, quando me ouvia responder às perguntas dos seus superiores.[2]

Agora, as exalações das vítimas, vindo à tona à medida que avança a inquirição, não o deixam respirar. Há muito a sorte o abandonou à exaustão que faz prostrar os algozes. Suas pupilas já não se contraem sob a distante luz do firmamento de uma terra prometida que desvaneceu diante de si, tal como sempre se furtou aos homens, pois nela os pontos de fuga do horizonte estão situados muito abaixo da superfície do céu. Enquanto seus camaradas morreram todos antes que chegasse o tempo do desencanto e da mágoa, Deuch me vê atravessando o recinto do tribunal. Sou a última testemunha da época em que a coragem que o impelia a viver era a esperança, antes que esta se transformasse em desespero.

Contudo, o meu testemunho também o acusa: sem ele, os numerosos crimes do M-13 teriam sido relegados ao esquecimento. E tanto é verdade que discernimos melhor as coisas quando elas sucedem à nossa volta, e que emanava de sua pessoa tamanha angústia, vergonha, sofrimento e, ao mesmo tempo, uma necessidade tão pungente de ver esclarecida a verdade, que sinto o ódio e os brados da turba me revolver o estômago, tal o efeito do mal--estar e da náusea que prontamente se lhe segue.

*

Sob o forte feixe de luz que se projeta sobre mim, o oficial de justiça me conduz até o banco das testemunhas. Explica-me, de forma regimental, como funciona o microfone, equipado com uma luz vermelha, o retroprojetor e a tela, e o fone de ouvido ligado aos intérpretes simultâneos. Desdobro minha lista de palavras para ajudar a memória; trago na maleta de executivo, a título de provas materiais, o caderno amarelado que Deuch me dera, bem como um exemplar de Le Portail.

Agora é o meu espírito que não sossega enquanto não se fixar, enquanto não se concentrar, ao mesmo tempo que me pego num estado de agitação quase hostil, o tremor dos dedos traindo o medo. A atmosfera do recinto é pesada, mas isenta de agressividade. Lábios roxos, dentes baços, o presidente do tribunal tem a tez morena dos aldeãos, o que me inspira confiança. A atitude dos outros juízes e advogados parece igualmente gentil. O que mais incomoda no decorrer da sessão são as longas pausas, a excessiva lentidão com que a palavra se reveza, as demoras aparentemente injustificadas, tanto que me apresso a iniciar a deposição antes que o oficial de justiça tenha lido a fórmula de juramento. Noto a tradução titubeante do francês para o khmer, e pior ainda em sentido contrário. Enquanto me ajeito na cadeira, tenho tempo de relancear através dos painéis envidraçados a numerosa plateia, de onde se eleva um burburinho surdo que parece vir de longe.

No silêncio dos camponeses trazidos diariamente ao tribunal pelos ônibus das associações de vítimas, além da aflição que nenhuma desordem adicional poderia agravar, lê-se o abandono dos mecanismos de defesa individuais. Essa humanidade muda ferve a fogo lento numa estranha mistura de hostilidade, desassossego e mágoa contida, sem sair por um segundo do pesadelo em que vive. Muitos ainda trazem na fronte os sinais da morte a que escaparam, e todos partilham sua raiva diante da figura simbólica daqueles que mataram um número tão elevado de cambojanos. A visão que se lhes oferece os faz mergulhar novamente no mundo dos carniceiros que há 35 anos todos descobriam com olhos inocentes e espantados de criança.

Ignora-se o nome das forças que se confrontam num tribunal uma vez franqueadas as portas da sala de audiência, onde o público, a defesa, a acusação, o réu e os juízes se contemplam fixamente. Aí, a mistura improvável de distância e proximidade opera espontaneamente, libertando as potências do ódio. O mais terrível de tudo são as descrições feitas em público dos suplícios aplicados às vítimas pelo perpetrador: os longos latidos da dor nos chegam sem parar e nos sensibilizam profundamente, como se se precipitassem sobre nós "do mais interno fundo da nossa imagem refletida no espelho".[3]

Para todo mundo aqui, o algoz simboliza, sob sua forma mais maléfica, o desastre que se abateu sobre o país khmer e todos os seus habitantes — o solo, a morada, o pai, a mãe, a esposa, o marido, o filho morto. No momento em que escrevo estas linhas, posso compreender a violência que explode no peito dos meus parentes próximos e dos filhos de meus amigos falecidos que vieram ver o carrasco, guardar seu rosto na memória, flagrar a expressão dos seus traços, fixar por toda a eternidade o mal que emana da fisionomia de um homem que nem sequer os conhece. Todos estão impacientes pela revanche, por excretar o excesso de dor, desviar-lhe o trajeto, evacuá-la pelo único canal de que todos dispõem: a vingança. Retribuir o mal, tal como o bruxo devolve o feitiço à sua fonte.

Num tribunal, se existe algo de desumano é seguramente a ação da justiça sobre o sofrimento dos indivíduos. As leis não consolam ninguém, quando as lágrimas são sentidas. Os juízes intervêm no interior de cada parte querelante, abraçam a causa das vítimas, consideram os direitos do réu, esmeram-se em sutilezas, deliberam com base no critério de uma média contábil que depende de cálculo mental. Daí o drama das vítimas eternamente frustradas; daí o drama do réu para sempre incompreendido. Daí a missão impossível dos advogados: os da acusação, que se recusam a ver o homem antes de se ocupar do assassino; os da defesa, que mascaram o assassino para nos fazer ver melhor o homem. Daí a inevitável traição dos juízes numa comédia que poderia ser uma farsa, se sua finalidade não fosse tranquilizar o público e repelir nossos temores.

O vício resulta da obstinação em considerar o homem de fora, segundo um processo mental que nos impele a dar corpo às nossas metamorfoses mais imaginárias; da propensão a reduzir o discurso a esquemas, a encerrá-lo em si mesmo negando a realidade; da tentação de abafar as vozes que contraditam e nos explicam por que "comer o fruto da árvore do conhecimento acarretava o risco de uma queda, de uma perda da verdadeira vida".[4] Reprovo a boa consciência racionalizada e institucionalizada pela qual se pauta a formação dos nossos filhos.

É o caso de indagar se um dia veremos as cortes penais internacionais — sujeitas a tamanhas pressões, quando na realidade são janelas abertas para nosso verdadeiro rosto — proceder à instrução de crimes *contra a humanidade* ousando questionar "o homem", em vez de se ater meramente ao processo de "um homem".

Se reconhecer um assassino consiste habitualmente em identificá-lo no meio de outras pessoas, reconhecer o responsável por uma montanha colossal de várias dezenas de milhares de corpos é dar-se conta, em primeiro lugar, da espécie a que ele pertence. As lembranças distintas esfumam-se diante de tais imagens; minha percepção capta naturalmente os traços individuais no primeiro caso e deixa escapá-los no segundo. Sinto-me parte daquela unidade, experimento-a em mim, e por sua causa existo.

Parece-me, no entanto, que passei a vida toda ouvindo o grito do algoz subir das profundezas. Sou tomado por uma náusea que não passa, tal como a miséria que sentia nos trilhos da fria estação de Bar-le-Duc. Haverá nosso horror de não nos deixar jamais reconhecer esse instante de verdade, compreender que o ser humano que levanta a mão para seu semelhante não existe como tal? Ele se apropria do crime da única maneira possível: gritando, para conjurar na fonte a crueldade de que necessita. Assim como o degolador de carneiros nos matadouros de Nancy, que insultava, aterrorizava e maltratava as vítimas inofensivas, impelido pela necessidade de reunir todas as suas forças. Na Tailândia, o algoz se comporta de maneira diferente: ajoelha-se aos pés da vítima com um buquê de flores, antes de executá-la. Mais ou menos como eu fazia com os porcos em Srah Srang... Ferocidade, comiseração, cada um se lança ao seu modo, conforme a condição e o meio, ora além, ora aquém do próprio espanto.

Sob nossos pés, ao lado de gigantescos dragões, jazem cavernas pútridas onde o espírito de tempos imemoriais se move, grutas forradas de ossos, repletas de corpos dos nossos ancestrais misturados com suas presas, sem o menor interstício.

*

— O senhor foi aprisionado por guerrilheiros do Khmer Vermelho e internado na província de Kompong Speu, em 1971?
— Exato, sr. presidente.

Havia jurado a mim mesmo durante a noite que evocaria primeiramente a sorte dos prisioneiros do M-13 e recordaria os nomes de Lay e Son logo no início do meu depoimento. Tão logo despertadas, as imagens desfilam diante dos meus olhos como uma tira de história em quadrinhos que passo a ler.

No momento em que evoco meu primeiro encontro com o jovem Khmer Vermelho — enquanto, incidentalmente, estou no campo de visão do réu e este vê passar as mesmas imagens que eu —, experimento a estranha sensação de um desdobramento do tempo, e já a tristeza que lhe oprimia o semblante me pareceu uma premonição.

Mais adiante no meu relato, quando relembrava a vez que um menino com voz de soprano nos cantou uma melodia inspirada na música revolucionária chinesa, a que ambos ouvimos arrebatados, vi Deuch imobilizar-se lentamente na cadeira e menear a cabeça, como se tal lembrança pudesse alegrá-lo muito mais do que ele podia supor... O jovem cantor viera se sentar timidamente à nossa frente. "O som saiu da boca entreaberta sem esforço — trêmulo, delicado, suave, frágil como um traço de pluma. Haverá sentimento mais comovente do que o inspirado por palavras de amor e ódio, quando cantadas por uma criança? Tão pura era a voz argentina que se alçava até as estrelas que cada sílaba parecia cingida de um halo de beleza."[5]

Meu depoimento dura várias horas e só termina pouco antes do recesso do meio-dia. Ignoro por que fenômeno o estresse me permitiu aguentar firme: tive de falar com voz contida, entre a emoção das recordações que se agitam em mim e o horror dos crimes que ainda vejo, sem sair por um segundo do campo de visão do homem de que tudo isso provinha, como que estrangulado sob a pressão da mesma fatalidade que se abatia sobre ele.

Nesse ponto, creio ter finalizado meu depoimento, mas ainda compete aos representantes das diferentes partes me fazer perguntas. Logo após o almoço, começa meu interrogatório.

Curiosamente, o juiz francês se detém por longo tempo no exame das peças que me foram entregues pelos guerrilheiros para a embaixada da França. Tais documentos, dos quais pouco me recordo hoje, invalidam a tese (favorecida por certos historiadores, bem como por antigos quadros comunistas na órbita de Hanói) segundo a qual os revolucionários cambojanos ainda não tinham um programa político definido nessa altura (fins de 1971). O que posso dizer sobre isso? As fotografias e os dois folhetos, devidamente entregues ao encarregado de negócios da embaixada, extraviaram-se em Phnom Penh; e, se a tradução dos documentos realizada por mim foi objeto de um despacho para Paris, foi a tal ponto condensada que nele só se encontram esboçadas suas linhas gerais. O trecho relativo às transformações sociais previstas para o futuro, que parece interessar mais particularmente ao juiz, foi omitido no despacho. Não sei se a supressão do trecho em questão deve ser atribuída às tesouradas da censura que a embaixada timbrava em exercer na época, coerente com a linha da Chancelaria, antes favorável à alternativa do Khmer Vermelho. A bem dizer, essa polêmica me é indiferente. Contudo, percebo o interesse do assunto no contexto do processo, e me tranquilizo ao ouvir Deuch confirmar perante o tribunal que se tratava, com efeito, de dois textos relativos ao "Programa Político do Partido" que me foram entregues ao final de uma reunião presidida por Ta Mok.[6]

Em seguida, o juiz pede autorização para interrogar diretamente o réu acerca de uma passagem do meu livro. Até que a solicitação chegue ao presidente do tribunal traduzida para o khmer e ele consulte os demais magistrados, tenho a oportunidade de olhar o réu nos olhos e ajuizar plenamente uma situação em que nossos respectivos papéis se inverteram.

— Bem... o senhor pode me ouvir? Vou prosseguir, então, lendo um trecho do livro em que a testemunha relata o que o senhor lhe disse.

Fico pasmo, estupefato, não ouço mais nada. É o episódio que o acusa,[7] já o tinha pressentido: quando ele revela seu segredo, os olhos arregalados, como quem se dirige ao outro numa psicanálise; quando confessa na minha frente a sorte iniludível que lhe coubera e a violência que o impelia a agir.

O juiz lê a passagem ao microfone, lentamente...[8]

— O senhor está de acordo com essa versão? As palavras que lhe são atribuídas estão próximas da verdade?

Meu Deus! Não são por certo as palavras exatas que saíram de sua boca, o que nem ele próprio é mais capaz de recordar... O que restituí literalmente foi o tom, a respiração, a voz, o silêncio que nos envolvia, tudo aquilo que não pode ser falseado. A verdade do que ele disse — inconcebível então, mas plenamente percebida tão logo se fixou num recanto da minha memória, talvez de modo inseparável das palavras que a acompanhavam — jamais será esquecida, tendo permanecida intacta para mim.

Na realidade, recriei esse momento crucial tomando muitas precauções, cioso de restituir da melhor forma possível toda a sua justeza. Consultei inclusive as entrevistas de Battambang,[9] em que Deuch retorna precisamente à revolta que sentia durante os interrogatórios, de modo a conservar o registro do seu vocabulário e das suas expressões.

Ora, Deuch responde obliquamente, usa de subterfúgios, de modo pouco condizente com sua personalidade, recapitula as circunstâncias, associa as palavras que lhe atribuí ora a um acontecimento preciso, isolado, ora à exaustão que sentia na época e à malária, e quanto ao resto não recorda muito bem.

O juiz o pressiona:

— Em sua opinião, o relato do sr. Bizot não corresponde àquilo que o senhor disse? É ou não é a verdade?

O réu se levanta:

— Sim, acho que o relato representa a verdade exata.

A mim, em todo caso, a resposta soa como se não houvesse chance de me desmentir em público, sob o risco de dar um passo em falso.

*

Após o recesso, é chegada a vez de ser inquirido pela acusação. O presidente concede a palavra ao promotor adjunto estrangeiro.

— O senhor não sofreu maus-tratos, seja... Mas, e quanto às torturas psicológicas, em especial as pilhérias — "Ah! Ah! Ah!" — do réu?

Além das imagens de suplício e morte que rondam a minha mente num jogo de correspondências alucinante, é preciso atestar as "peças" que o réu gostava de pregar de improviso, a começar pela mais desconcertante de todas, cujo mal-estar ainda hoje ele sente.[10] Nesse dia, recém-chegado da reunião em que fora decidida minha sorte, trazendo no bolso a ordem de soltura devidamente assinada, o jovem guerrilheiro dissimulou a impaciência em comunicar-me a boa-nova, achegou-se a mim como quem não queria nada e, abruptamente, me fez saber o contrário, assumindo um ar de gravidade... por pilhéria.

Obviamente, entendo sem demora aonde o promotor quer chegar. Seu papel é tranquilizar todo mundo, e para isso é preciso apelar para o dogma: a *anormalidade* e a perversidade do criminoso, a *inumanidade* do algoz. Só com o inconveniente de deformar o modelo em detrimento da semelhança. Não ver no outro senão um aspecto acessório ampliado, lançar mão de correspondências simétricas para ir buscá-lo nos nossos próprios esconderijos: mímicas insólitas, propensões suspeitas, hábitos. Ventilar a ideia de que Tuol Sleng foi obra de um perverso, e que as atrocidades ali cometidas foram consequência de suas predisposições. Provar que isso não poderia ter sido feito sem ele. Depois, à vista das quinze partes civis, passar do retrato à caricatura sem transição e tirar do chapéu, como uma aparição num espetáculo de prestidigitação, a última ilusão: retratar-nos Jack, o Estripador, fazendo chacota.

Por certo, todo grande processo redunda nesse gênero de validações, sobretudo quando o exame psicológico da matéria proporciona resultados que não satisfazem a ninguém. No caso em questão, esses resultados foram tão pífios, tão pouco animadores, que a avaliação de Deuch foi feita de modo a nos deixar alarmados. Em consequência, dada a necessidade de repor as coisas no seu devido lugar, de proteger nossas instituições, seja por elas mesmas, seja para o bem público, coube à acusação levantar os indícios psicológicos, ainda que os mais banais, suscetíveis de implicar o réu de modo pessoal, físico, íntimo no processo dos crimes.

Na verdade, presto-me com tanto mais gosto à demanda da acusação quanto ao representante do ministério público, que, projetando publicamente seus truques de ilusionismo, torna-se sem querer meu aliado. No M-13, à época, a razão nem sempre sufocava a vontade de rir — vontade tanto mais forte para todos, talvez, quanto mais crescia a angústia. A necessidade de troçar dos guardas ou mesmo dos prisioneiros comportava, aos meus olhos, a prova mais distinta, como também a mais trágica, de sua humanidade.

*

Mais tarde, chega o momento reservado aos representantes das quatro partes civis.

Pergunta do advogado adjunto estrangeiro do grupo 1:

— Nas numerosas entrevistas que o senhor concedeu à imprensa nos últimos meses e nos últimos anos, há uma frase recorrente: "É preciso tentar enxergar o ser humano sob a máscara do monstro". Pelo visto, o senhor mesmo conseguiu realizar essa démarche em relação ao réu e nele descobrir o homem. Evidentemente, tal diligência é algo que lhe pertence e nós a respeitamos. Tenho apenas uma pergunta com relação a isso. O senhor não foi apenas uma vítima do réu; o senhor foi aprisionado por uma organização, o Khmer Vermelho, e naturalmente sabe o que eles fizeram ao Camboja em seguida, país pelo qual o senhor tem grande afeição. Teria o senhor a mesma disposição para enxergar o homem atrás do algoz, no caso dos dirigentes do Khmer Vermelho que ainda vivem e aguardam instrução criminal? Penso nos dirigentes com os quais o senhor não teve contato direto, especialmente Nuon Chea.[11] O senhor também consegue enxergar o homem no caso dele?

Estou perplexo! Já não sei! A surpresa me desconcerta, sinto-me incapaz de articular o que quer que seja. Sou tomado de pasmo, um buraco negro na mente me obriga a remontar o tempo ao acaso, a refazer a gênese em que se dispersa a evolução das minhas ideias a partir do M-13, a reconsiderar os meus pensamentos, até retomar os primeiros fios dessa "filosofia da máscara" que um dia Deuch pôs entre meus dedos para que eu tomasse consciência do infortúnio que se esconde nele, em mim, em todo mundo... O que pensar de Nuon Chea, o número dois do regime, o responsável máximo pela segurança que transmitia suas diretivas por telefone, o diabo por excelência? Sim? Não?... Será ele a mesma pessoa?

— Sim, doutor... — mas minha afirmativa paira longamente sobre a sala, até que o advogado se senta, agradecendo-me a resposta.

Na realidade, a resposta me veio de modo natural e espontâneo, sem que eu estivesse seguro de seu sentido, longe de ter certeza de não estar me contradizendo, de não ter caído numa dessas armadilhas lógicas em que me deixo apanhar facilmente quando se trata de deduções ou de simetrias dissimuladas. Agora sei que era mesmo um "sim" que eu deveria ter respondido, para ser coerente comigo mesmo e com meus sentimentos. De resto, não podia estar muito enganado, visto que ao fim e ao cabo não tinha declarado nada que me tivesse sido ditado pela gratidão a Deuch, mais do que pela minha aversão ao Khmer Vermelho e a Nuon

Chea ou a Ta Mok. Simplesmente, talvez eu nunca tivesse pensado as coisas a partir deles. A propósito, os quadros do partido não tinham muito mais desculpas, mas por outro lado tampouco mereciam muito mais ódio. À culpabilidade de uns somava-se a de outros, sem livrar ninguém. Dito isso, achava normal, como todo mundo, que Deuch, ao contrário de seus superiores que aguardavam julgamento, desculpasse automaticamente seus subordinados, visto que nenhum deles podia eximir-se de obedecer.

*

O outro choque da tarde vem de um pedido do advogado francês do grupo 3, formulado em termos obsequiosos; de todo modo, seria difícil não lhe aquiescer.

— Deixo de lado os fatos, uma vez que já lhe fizeram inúmeras perguntas a respeito deles. Penso que a largueza de vistas que o senhor há pouco adotou, a distância em que voluntariamente se situou, me autorizam a inquiri-lo sobre suas impressões e sentimentos. O senhor permitiria que eu lhe fizesse tal diligência?

A pergunta se compõe de duas partes. Passo por alto a primeira, sem querer, pois a resposta a ela depende da sinceridade dos remorsos exprimidos pelo réu. Para mim, essa obsessão de autenticidade não é simples, nem evidente. Essa necessidade perpetuamente repisada me parece mesmo suspeita, deslocada, insolitamente anacrônica e, de certa maneira, chocante em vista do número de mortos. É tão difícil compreender por si mesmo que o mal foi levado a cabo no mais alto nível e que o algoz, por conseguinte, bem pode querer apaziguar sua consciência mediante remorsos tanto mais sinceros quanto mais profunda foi sua queda? Afinal, o que pretendemos nós, em todo caso, se tão logo a verdade dos seus sentimentos transparece, ela nos causa tanto medo que nos recusamos a lhe dar crédito?!

— Quando o senhor deixou os seus camaradas, alguns deles lhe disseram: "Camarada francês, não se esqueça de nós!". Se Lay e Son estivessem aqui hoje, o que poderiam esperar dessa acareação, desse processo? E, para além dos seus dois colegas, o senhor me entende, o que poderiam esperar as partes civis?

Na hora, tampouco tinha uma resposta. Como erigir-me em porta-voz dos mortos?... Súbito, libertos da gravidade, vagando pela pretoria, eis que o cortejo dos fantasmas do M-13 vem em meu socorro, enquanto desperta em mim o furor que vi devorar o coração de Lay, a angústia que vi gelar o sangue de Son, a vingança que vi convulsionar e empalidecer a todos. Também é nos termos que me sopram ao ouvido que me faço incontinente o seu intérprete, pedindo que a pena do algoz seja exatamente proporcional ao sofrimento que as vítimas padeceram.[12]

*

Dia 26 de novembro de 2009: último dia de um processo que durou quase dois anos, no transcurso dos quais o réu serviu a justiça para que a verdade fosse revelada; cooperou; renunciou ao direito de permanecer em silêncio; facilitou a descoberta de provas; testemunhou contra os seus antigos chefes; proclamou sua responsabilidade e sua culpabilidade; reconheceu sua infâmia, e pediu perdão. Pouco a pouco, Deuch deixa de estar à disposição dos promotores adjuntos, de lhes dar ouvido; entra na sua concha, recusa-se a responder a perguntas que já tinham sido feitas uma centena de vezes, em todo caso, e de modo geral decide se calar definitivamente, não escutar mais, virar as costas para o resto do mundo.[13]

Dr. Roux, advogado adjunto da defesa:
— Senhor promotor, o senhor faltou ao encontro com a história! [...] Fez um requisitório tradicional cuja filosofia nada mais é

do que a seguinte: "Esse homem é um monstro, encarcerai-o por quarenta anos e tudo irá melhorar na sociedade!". Esse é um discurso surrado, é preciso ir mais longe. É preciso tentar compreender os mecanismos que fazem com que um homem — bom quanto a tudo o mais, como se diz — certo dia se torne um algoz. Isso, sim, eu gostaria que os senhores tivessem abordado! Porque em Nuremberg se disse a mesma coisa: "Esses homens são monstros. Vamos condená-los à morte, isso servirá de exemplo". Mas depois de Nuremberg houve o Camboja, houve Ruanda... Que exemplaridade é essa que buscam? De que serve ela, se nos seus discursos surrados os senhores não tratam do verdadeiro problema?[14]

Na verdade, a acusação desempenhou perfeitamente seu papel: em nome da sociedade, os promotores lograram difundir um permanente sentimento de frustração, trabalhando diariamente para que os fatos reconhecidos parecessem truncados, para que as confissões do réu parecessem dissimular o que a realidade tinha de inquietante e brutal. A opinião pública se lançou ao encontro dessa convicção dos juízes, como quem se lança atrás de socorro: "Deuch não dizia tudo", não exprimia seus remorsos de maneira sincera e franca. Ponto final. Desde o início, tudo foi posto em movimento para nos fazer compreender que o culpado era "ele", aquele indivíduo, muito precisamente, e que a "humanidade" nada tinha a ver com isso. Era Deuch quem a lei punia. Fazia-se ele merecedor da pena máxima que a justiça pública poderia aplicar, a fim de que o ponto essencial do problema jamais fosse tratado ou evocado.

Deuch estima seu valor, sabe que seus crimes não são suscetíveis de expiação e não procura fugir:

— O melhor que posso fazer é me ajoelhar e pedir perdão. As vítimas e os sobreviventes poderão apontar o dedo para mim. Isso não me ofenderá. É um direito seu, que aceito respeitosamente. Mesmo que o povo me apedreje até a morte, não direi nada, não direi que estou desiludido ou que tenho vontade de me matar. Sou responsável pelos meus atos; perdoar ou não, é algo que depende do livre-arbítrio de cada um. Estou aqui para aceitar minha responsabilidade. Estou cheio de remorsos pelo que cometi, e falo do fundo do coração. Não me sirvo disso como um pretexto, em absoluto. Minhas palavras são sinceras.[15]

Nada mais poderia apaziguar Deuch agora, exceto uma coisa. Sua colaboração permanente com a justiça visou mostrar do modo mais singelo, justo e sincero possível o quanto era importante que o ouvissem e lhe dessem crédito. Ele se achava armado da coragem necessária para suportar todas as penas à altura de seus remorsos, em seu nome, na qualidade de contrito, e pelos seus próprios crimes. Não pelos crimes atribuídos às nossas representações grosseiras, sob cuja capa todos se prestam para executá-lo em efígie, aos gritos, para que jamais se veja quem faz o papel do monstro, com seu semblante humano.

Isso, contudo, seria querer o impossível.

O algoz calou-se, pois, como era de esperar. Por fim, pediu que cessassem as demandas, como quem abaixa os braços, numa reviravolta que não se deveu apenas às pressões políticas exercidas por seu advogado cambojano para que ele juntasse a sua defesa à de seus antigos superiores, também eles em vias de ser julgados.[16] Essa mudança foi-lhe ditada pela surdez fundamental do Escritório dos Promotores Adjuntos, a qual, por sua vez, reverberava um autismo muito mais essencial: nossa incapacidade de compreender o que há de odioso e, a um só tempo, de lastimável na condição humana.

Para lá dos muros de Tuol Sleng, nada há que nos devolva outra coisa senão nós mesmos.[17] Teremos nós algum dia a coragem de assumir tal visão e invocar-lhe o testemunho? Essa consciência, a um só tempo interior e exterior, da devoração mútua e da autodestruição, desde que nos traímos para poder dominar o mundo?

Os males que padecemos remontam "a um abismo mais profundo e mais vasto [do que o nosso passado], parecem anteriores ao nosso nascimento".[18]

No fim do processo, o orgulho do ser humano é salvo: o monstro não foi identificado. Deuch não nos mete mais medo. Todavia, como é abismal o silêncio do algoz! Silêncio sobre nós mesmos, como o de minha mãe outrora, como se no fundo de nós tudo já tivesse se consumado...[19]

Post-scriptum

Hoje, Deuch se sente ludibriado por todos, talvez também por mim. Não por ter me erigido contra ele em porta-voz dos mortos — sei que ele compreende isso —, mas por tê-lo situado no mesmo plano de humanidade que o pior dos chefes cujas ordens ele cumpria: Nuon Chea, homem frio e sem remorsos, agente do seu infortúnio, objeto da sua cólera — o único, depois de Pol Pot, a quem jamais cogitara ser comparado.

Primeiro anexo

Le Portail somente chegou às mãos de Deuch quando de sua transferência para a nova prisão da Câmara Extraordinária nas Cortes do Camboja (CECC). Pedi-lhe que consignasse, no calor do momento, as impressões que tal retorno aos acontecimentos do passado faria reviver nele, bem como as ideias que acaso lhe ocorressem ao confrontar as suas impressões com as minhas.

O presente texto é o resultado dessa leitura. Deuch cuidou de fazê-lo chegar a mim no decorrer de 2008, sob a forma de um documento de seis folhas, preenchidas frente e verso com letra caprichosa. Apresento, a seguir, a tradução desse documento, a qual respeita as mesmas alíneas, parênteses, notas, parágrafos e subtítulos do original.

MISCELÂNEA [DE LEMBRANÇAS] A PROPÓSITO DE *LE PORTAIL*, DE FRANÇOIS BIZOT [POR KANG KEK IEV, APELIDADO DEUCH]

Introdução

Já faz muito que não preciso senão evocar [o nome de] lok[1] Bizot para que lembranças gratificantes se apresentem diante dos meus olhos. Foi ele quem me disse: "As vogais e as consoantes do alfabeto khmer são a manifestação das virtudes da mãe e do pai".[2] Eis uma das coisas de que me lembro.

No mais das vezes, o que sinto por ele é antes uma grande piedade, sobretudo quando me lembro da peça que lhe preguei, de forma um tanto inconveniente, e que fez todo o seu corpo estremecer, a ponto de ele baquear e cair de joelhos ao chão. Na realidade, o motivo que me levou a troçar dele assim foi minha excitação em saber que Pol Pot tinha mandado soltar Bizot, apesar das negativas de Ta Mok, cuja alma mesquinha ficou sem ação dali em diante.

De igual modo, quando relembro o caso de lok Bizot, eu mesmo sinto, além da conta, os remorsos que o perseguem por não ter podido salvar Lay e Son.

Os diferentes pontos sobre os quais gostaria de me estender agora não dizem respeito diretamente a lok Bizot, nem a Lay e Son, mas aos crimes do Partido Comunista do Kampuchea (PCK), do qual fui membro, e cujas ordens criminosas apliquei com todo o zelo no M-13.

1. O meu fardo

Na época em que conheci lok Bizot, os problemas que eu acumulava desde 1964 se tornaram particularmente pesados. Era o peso das luzes do inferno, que então tomei pelo brilho de um diamante... Meu fardo foi ter depositado fé ilimitada no PCK, por considerá-lo o espírito vital do povo e da nação khmer. Dediquei minha vida e meu destino pessoal ao partido, confiei-lhe o cuidado de me guiar e de me instruir, sem nenhuma restrição. Fui um de seus membros mais convictos.

2. A situação nas áreas liberadas no final de 1971

a) A grande discórdia que nos opôs aos norte-vietnamitas, repentinamente transformados em nossos inimigos por não deixarem passar nenhuma oportunidade para se apoderar de extensas áreas do território khmer e administrá-las em nosso lugar, cedeu com o tempo. Eles decidiram se retirar das regiões cobiçadas, como Kien Svay, Sa Ang, Koh Thom e Leuk Dek, e acampar no nosso território somente na qualidade de convidados.

b) Na Zona Sudoeste, importantes divergências de classe se manifestaram igualmente entre os altos dirigentes:

- Ta Mok se opôs desde 1968 à influência dos quadros intelectuais [no partido]; em 24 horas, quatro deles foram expulsos da Zona.*

- Ta Mok se recusou obstinadamente a lhes delegar qualquer responsabilidade de natureza militar, conseguindo restringir sua ação tão somente ao âmbito das regiões, distritos e aldeias.

- Somente em meados de 1971, Pol Pot decidiu reunir o conjunto dos quadros intelectuais da Região para criar uma Zona Especial. Foi nessa ocasião, em 20 de julho de 1971, que se originou o M-13.

3. Reflexões sobre a situação

Gostaria de dar a minha opinião sobre a situação real no decorrer desses diferentes períodos, tal como a via no final do ano de 1971.

O modo como o partido se empenhou para resolver a disputa que nos opunha aos norte-vietnamitas teve como consequência imediata reforçar minha admiração e minha fé.

Pensei, como a maioria dos quadros intelectuais, que o Partido pusera definitivamente fim [às disputas], e que as rivalidades que haviam surgido no alto escalão, especialmente em Sa Ang, Koh Thom, Leuk Deuk e Kien Svay, nunca mais se repetiriam. Quem poderia imaginar então que Pol Pot e Ta Mok estavam planejando matar todo mundo, e, assim, estender o seu poder, em todos os domínios, ao país inteiro? Na opinião de Chhay Kim Hor,[3] a opressão imposta por Ta Mok era tolerável e ia na direção certa. Eu mesmo pensava igual e estava de acordo com ele.

* Khet Pen, apelidado Sou, professor universitário; Kè Kem Huot, apelidado Mon, professor universitário; Chea Houn, apelidado Van, professor do ensino médio; Oum Chheun, apelidado Mai, professor do ensino médio. Os quatro foram esmagados após o 17 de abril. (N. A.)

Ora, tais desentendimentos no nível nacional (na época, eu ainda me recusava a falar em disputas entre inimigos) resultavam cada vez mais, a contrapelo de todas as leis, na detenção e prisão de pessoas. Em várias oportunidades, Vorn Vet[4] e Chhay Kim Hor vieram explicar-me que seriam os mandantes das detenções e prisões, sem sombra de dúvida, quem iriam responder por elas perante a história. As ordens vinham de membros do comitê central, por exemplo, de Bang Bal (apelidado Huot Heng), secretário da Zona 32 e membro do comitê central de longa data. Fosse como fosse, deveria ficar entendido que combatíamos para libertar a nação, isto é, para libertar o povo e a gente do Camboja, não para libertar a nação sem o povo.

Em razão do meu cego otimismo com relação ao PCK, não soube avaliar corretamente a situação.

4. A posição de Pol Pot em relação ao governo francês

Segundo as minhas próprias observações e análises, penso que Pol Pot tinha grande necessidade de ser reconhecido pelo governo da França.

Assim, antes do 17 de abril de 1975, entre as circunstâncias que poderiam influenciar a decisão dos franceses de reconhecer a Frente Unida Nacional do Kampuchea (FUNK), três coisas [tinham chamado sua atenção] no teatro de guerra:

- A detenção de François Bizot;
- O convite ao jornalista Serge Thion[5] a certos setores da Zona Especial;
- A cólera* que sentia contra Groslier.[6]

---

* Desconheço as razões da cólera de Pol Pot contra Groslier. Contudo, lembro-me de que, por ocasião de um seminário que reuniu os quadros intelectuais da Zona Especial, Hou Yuon [membro do comitê central do PCK, membro do comitê político da FUNK, ministro do interior do GRUNK], momentos antes da

Após o 17 de abril de 1975 (e, ao que me lembro, por ocasião de um seminário político que se realizou em 1977):

- Son Sen ordenou às tropas acampadas na embaixada da França que limpassem rapidamente o local, provavelmente com vistas ao próximo restabelecimento de relações diplomáticas [com a França].

- Nessa ocasião, ele fez saber que um jornal francês (esqueci o nome do jornal) cobria de maneira positiva a situação cambojana.* A notícia dizia que Phnom Penh permanecia calma. Como eu estava na sua frente nesse momento, ouvi quando ele repetiu [a expressão que havia lido] em francês: "*Un silence majestueux*" (Um silêncio majestoso).

Tudo isso me leva a crer que Pol Pot contava com a França para não ficar isolado e para se proteger dos golpes que vinham de todos os lados. Assim fazendo, ele próprio se colocou a uma altura tão elevada que ninguém mais tinha condições de estender-lhe a mão.

5. A detenção criminosa de François Bizot é uma tomada de refém política

Pensar que se trata de uma tomada de refém não era algo que eu podia formular na época.

---

abertura dos trabalhos, mandou Phok Chhay me consultar: "Por que soltar Bizot?". Respondi: "Decisão do camarada Pol". Logo depois, em sua alocução preliminar, Hou Yuon não hesitou em tratar Groslier de "crápula". É claro que o insulto se devia ao fato de Pol Pot antipatizar com Groslier, que devia ter lhe aprontado alguma. Finalmente, a relação entre Pol Pot e os franceses se consolidou em função das prioridades mencionadas. Em 1990, Pol Pot se enfureceu com a França, e disse: "Esperem só até a poeira baixar! (ou seja, até eu dividir o poder com Hun Sen). Acabarei com o ensino do francês em todas as escolas do Kampuchea". (N. A.)

* Son Sen congratula-se, pois era cioso de que uma imagem laudatória do PCK fosse difundida no mundo. (N. A.)

Então, sabia apenas que Vat Ô ficava numa zona controlada por [soldados de] Lon Nol, e que os milicianos [do Khmer Vermelho] que chegaram imprevistamente ao local e surpreenderam o francês e os dois cambojanos eram subordinados ao camarada Rom (chefe da milícia de Ponhea Leu). Disso, deduzi que a intenção [desses três indivíduos] não era penetrar na zona liberada, sob nosso controle. Nessas condições, esforcei-me por protegê-los. Nenhum deles era da CIA e não tinham vindo espionar, em absoluto. Ainda assim, para ser franco, tomei algumas precauções também, não tendo solicitado prontamente a soltura dos prisioneiros, como tinha feito em outras ocasiões que mencionarei adiante.

Mais tarde, compreendi que se tratava de uma tomada de refém pelos seguintes motivos:

- Pol Pot sabia perfeitamente que a Conservação de Angkor não era [um antro de espiões].

- Pol Pot estava ciente da opinião [antes favorável] dos franceses ao seu respeito, [em contraposição à sua postura] em relação a Lon Nol.

- Pol Pot sabia melhor do que ninguém o quanto necessitava dos franceses para sustentar a sua causa.

Vorn Vet havia informado imediatamente Pol Pot sobre a captura das três pessoas da Conservação de Angkor, entre elas, um francês. [Pol Pot] determinou que eles fossem presos separadamente durante meses, a fim de atemorizá-los e atormentá-los.*
Mais tarde, no momento de libertá-los, decidiu por fim, de modo arrogante, soltar apenas o francês e conservar os dois khmer.

Quem se atreveria a tomar semelhante decisão? Quem pode aceitá-la? Ninguém. Ninguém poderia estar de acordo com tal decisão.

---

* Na verdade, o assunto não dependia apenas de Vorn Vet, razão pela qual não me atrevi a solicitar a soltura imediata dos prisioneiros. (N. A.)

Ao mandar Chhay Kim Hor entregar uma cópia do programa político da FUNK, bem como fotografias de propaganda para François Bizot, e, em seguida, explicar-lhe a situação política, Pol Pot pura e simplesmente se comprometeu [com os franceses].

6. *A propósito da libertação de François Bizot, Lay e Son por Pol Pot*

Pol Pot se negou a relaxar a prisão de Lay e Son. Resolveu deixá-los comigo. Ao tomar conhecimento de tal decisão, tive um sobressalto, mas não havia nada que eu pudesse fazer. A princípio, tive medo; em seguida, notei que Ta Mok preferia "manter a crista baixa" na minha presença.

É preciso esclarecer que Ta Mok sempre encontrava bons motivos para se opor à libertação de lok Bizot. Dizia, por exemplo: "Estamos no terreno, vemos [as coisas] mais claramente [do que eles, que estão no alto]". No caso em questão, Vorn Vet lhe respondia sumariamente: "O francês? Negativo, ele não é da CIA!". Então, Ta Mok virava [a casaca] imediatamente e me dizia: "Solte o francês, camarada Deuch! Solte o francês!".

No decorrer dessas discussões, me dei conta de que Ta Mok não tinha a mesma estatura de Vorn Vet.

Em 1976, compreendi de igual modo que toda decisão tomada no nível do Secretário Geral do Partido [*i.e.* Pol Pot] deveria ser aplicada sem discussão, sem titubeio.

No caso de lok Bizot, nunca houve acordo entre o que eu e Ta Mok queríamos. Posto isto, não achava que Ta Mok realmente me quisesse mal ou estivesse agastado comigo, pois era capaz de mudar rapidamente de comportamento. No fundo, achava que entre nós dois não havia diferenças.

Voltemos ao caso de Lay e Son, quando Pol Pot decidiu deixá-los sob a minha guarda.

Seria falso presumir que não compreendi o quanto lhes era penoso estar separados de suas mulheres e filhos. É claro que eu compreendia isso! No entanto, não havia nada que eu pudesse fazer para ajudá-los a se reunir com as suas famílias. Com efeito, para mim só havia uma maneira de [ajudá-los, na impossibilidade de] libertá-los: deplorar sua sorte, tratá-los com afeição, protegê-los, considerá-los como irmãos, como resistentes integrados ao nosso grupo. Pessoalmente, tinha a esperança e mesmo a convicção de que eu lograria protegê-los até o dia em que pudessem se reunir com os seus, uma vez libertada a pátria. A promessa que então fiz era totalmente sincera.

Por outro lado, senti também grande piedade de lok Bizot, ao vê-lo partir sozinho deixando comigo Lay e Son. Seu rosto tinha murchado. [Lembro-me de que] ele caminhava de um lado para outro, ora na direção de Lay, ora na direção de Son, quando os três se reuniram... Era penoso ver aquilo, mas não havia nada que eu pudesse fazer.

7. A organização do M-13 em 1972

Algum tempo após a partida de lok Bizot:
- Transferi o Bureau 13 para uma encosta do monte Pis em Tuol Svay Meas, de sorte que o local onde iríamos nos instalar fosse ensolarado e, ao mesmo tempo, afastado de qualquer área habitada. Havia arrozais no local. Os interrogatórios ficaram a cargo do camarada Pon, a segurança por conta do camarada Meas.
- Deixei Lay e Son em Phum Prek, para trabalhar no arrozal ao lado do camarada Net.

(É preciso esclarecer que Net morava em Phum Kok; contudo, após uma desavença com Ta Mok, ele preferiu me acompanhar. Naquele tempo, eu era mais temerário. Aceitei levá-lo comigo.)

Em seguida:

Sugeri a Vorn Vet a criação de uma sucursal do Bureau 13 destinada à gente do povo que tivesse tido algum problema (sem prendê-los ao tronco, nem interrogá-los). Unicamente para mantê-los encerrados por curto período num lugar fechado, antes de soltá-los. Ele aprovou a ideia. A sucursal recebeu o nome de M-13b, perto de Phum Sdok Srat, comuna de Sdok Tol, distrito de Ang Snuol. O camarada Soum, antigo vice-diretor do M-13,[7] foi nomeado diretor do M-13b. Depois, encarreguei o camarada Phal, membro da Juventude Comunista do Kampuchea, de ir auxiliar o camarada Soum.

Por fim, solicitei a Vorn Vet autorização para enviar Lay e Son para junto do camarada Soum, mas ele recusou. Ponderou que eles deviam continuar trabalhando no arrozal por mais algum tempo.

8. A rebelião do M-13a

Phum Prek tornou-se uma seção da sucursal do Bureau 13 chamada de M-13a, em Tuol Svay Meas. Gostava de ir a esse lugar para meditar, às vezes conseguia encontrar paz de espírito ali.

Pouco depois, Vorn Vet tomou a decisão de destacar para Phum Prek um grupo de quatro aguerridos combatentes: Samnang, Cheang, Piseth e Raksmey, todos vindos da Região 25, sob o comando de Sien San, seu chefe. Com isso, o número de forças reunidas no local aumentou para sete [contando com Lay e Son].

Certo dia, por volta das cinco horas da tarde, um dos combatentes de Tuol Svay Meas chegou correndo a Phum Prek e me disse: "O inimigo tomou nossos fuzis e atirou em nós! Todos [os prisioneiros] fugiram!". Ordenei imediatamente ao camarada Samnang que levasse socorro [aos feridos] e ao camarada Net que montasse guarda na aldeia. Quanto a mim, devia prevenir Vorn Vet, e para tanto pedi ao chefe de Omleang que me conduzisse até ele em motocicleta.

Chegamos ao lugar por volta das sete horas da noite. Já estava escuro. Pedi ao agente de ligação do departamento que me anunciasse. Vorn Vet foi logo dizendo: "Abriram um campo de prisioneiros para soldados na Zona Sudoeste, perto do seu. Eles não o socorreram?". Respondi: "Não". Ele se irritou: "Camarada, acho que você se mostrou um tanto descuidado! O inimigo tinha um plano e você não se apercebeu de nada!".

Na semana seguinte, fui vê-lo novamente. Recebeu-me como de hábito, seu humor estava normal. O momento parecia oportuno para apresentar-lhe minhas desculpas e solicitar a estrita aplicação do regulamento, com a punição correspondente. Vorn Vet olhou para mim, de cara fechada, e então virou o rosto, sem sair do lugar nem dizer palavra... Nunca mais tocou no assunto comigo.

[Em seguida à fuga dos prisioneiros], deixei a localidade de Tuol Svay Meas e regressei com todo mundo para Phum Prek. De início, pensei que nos estabeleceríamos no local, mas dali em diante somente para trabalhar no arrozal, e que nunca mais mudaríamos. Mas quem podia sonhar em plantar arroz apenas?... Rapidamente outras vítimas chegaram e me foram entregues para que eu as interrogasse...

A vida nos obriga a fazer o que não gostamos... Dificilmente conseguimos não nos violentar.

Na ocasião, tornei a pensar muito particularmente no poema "La mort du loup" (A morte do lobo), de Alfred de Vigny.

9. *O desacordo entre mim e Ta Mok*

Sou uma pessoa que se esforça naturalmente por não dar ouvidos à conversa fiada, cujos rumores vêm de toda a parte, mas é difícil evitar ouvi-los. Ta Mok tinha um talento especial para criar encrenca com os intelectuais.

Quanto a mim, fazia tudo para ter contato com ele o menos possível; no entanto, continuava na linha de mira dos seus olhos, em razão [da ajuda que havia prestado involuntariamente] ao camarada Net. Homem avisado, eu fazia todo o possível para não voltar a cometer erros.

A decisão criminosa que Ta Mok tomou posteriormente no M-13, no caso de Jacques Loiseleur,[8] contém a meu ver uma verdade oculta: mostra claramente que ele ainda tinha grande aversão por mim. Sem perda de tempo, ele me advertiu: "Desta vez, não me venha pedir a libertação de outro francês, bancando o seu advogado!...".

10. O crime contra os sete detentos do M-13 em Phum Prek

Em 1973, voltei a ver Vorn Vet, que acabava de regressar de uma sessão de estudos com o alto escalão do partido. À noite, nós dois nos sentamos sobre o tronco de uma árvore morta perto de sua casa. Ele me pediu notícias da situação geral, inclusive das sete pessoas destacadas para os arrozais de Phum Prek. Ao final, disse-me: "É preciso 'resolver' o caso desses sete".

— Na próxima vez, [você saberá que] não devemos nos apresentar como fiadores de pessoas com biografias de espião e, menos ainda, trazê-las para as fileiras do Partido.

— Não se esqueça, camarada, que você tem sangue chinês! Certo, o partido comunista chinês é muito poderoso, mas entre os numerosos chineses [do Camboja], o único que merece a confiança do partido é Ta Hong,* por ser conhecido de longa data.

— Mais uma coisa, camarada: Ta Mok o denunciou ao comitê central. Ele não quer mais você por aqui.

---

* Ngèt You, apelidado Hong, foi preso e mandado para a S-21 no dia 13 de março de 1978. Tal decisão foi um dos primeiros sinais que fez com que eu temesse pela minha vida. (N. A.)

Na hora, senti muito medo.

Quanto à sorte das sete pessoas, supliquei-lhe, com a desculpa de que a irmã de Raksmey, que morava em Ang Snuol, tinha vindo visitar o irmão em Phum Prek acompanhada do marido (homem de grande renome, antigo superior de um templo). Todos residiam havia muito na zona liberada. Se agora era preciso "resolver" [o caso dos sete], isso não deixaria de provocar barulho. Vorn Vet ficou em silêncio por um momento, em seguida deliberou: "Considerando que as forças ao seu dispor são pouco numerosas e formadas por gente muito jovem, deixemos a decisão para os combatentes da Zona Sudoeste, então. Conversarei com eles sobre o assunto".

Desse dia em diante, nunca mais tentei compreender [o que quer que fosse] nem por que razão nosso Partido, ainda assim, tinha ordenado a morte das [sete] pessoas.

11. *A propósito dos interrogatórios*

Desde então, dediquei-me totalmente às tarefas do serviço de interrogador. Depois, conforme os dias passavam, acabei me convencendo de que a [decisão relativa à] minha transferência tinha sido revogada.

Minha primeira experiência [como interrogador]:
Certo dia, precisei questionar algumas pessoas suspeitas de esconder um carregamento de fuzis roubados, sem obter nenhum resultado. No entanto, meus superiores tinham me dado plenas garantias de que, se fosse o caso, eles assumiriam inteira responsabilidade perante a história [pelos tormentos] que me tinham ordenado infligir. No mesmo instante, censurei-me com severidade por ter agido com demasiado acanhamento, enquanto pensava comigo que o meu temperamento se acomodava muito mal

a esse tipo de ofício. Examinei o problema sob vários aspectos e refleti longamente sobre ele.

Minha segunda experiência [como interrogador]:
De outra feita, tive de proceder ao interrogatório de certo Ngèt Sombon, mais conhecido por seu pseudônimo de escritor: Rom Pé. Das confissões que [então lhe arranquei], tirei as seguintes lições:
  - Sua confissão refletia no máximo 50% da verdade.
  - Em apenas 30% dos casos, os nomes dos cúmplices denunciados (Pol Pot tinha grande interesse nisso) eram pertinentes.
  - A rede de apoio aos agentes de sua organização na zona liberada era absolutamente inexistente.

Minha teoria sobre os interrogatórios:
Refiro-me a Sun Zi, o teórico militar chinês, quando afirma: "Conheça de modo claro a ti mesmo e ao teu inimigo". Pois eu havia compreendido isto: o interrogatório é uma luta travada entre o inquiridor e aquele que deve responder; de um a outro. Cada qual procura o ponto fraco do adversário, num confronto que joga um contra o outro.
  - Dessa maneira, diz-se que o [tipo de] interrogatório a que lok Bizot foi submetido pelo camarada Nuon* tem por nome: "Revelação dos pontos fracos"; o outro os identifica imediatamente (*Le Portail*, p. 69). O camarada Nuon não sabe nem sequer quem é François Bizot e já vai lhe mentindo, dizendo que o viu nas ruas de Prei Nokor (Saigon). Não era preciso dizer mais nada para que o suspeito se convencesse de que o interrogador não sabia absolutamente nada sobre ele.

Permitam-me recapitular os dois pontos que eu ensinava aos camaradas encarregados de interrogar [os prisioneiros]:

---

* Nuon, cujo prenome é Prasat, é o irmão caçula de Ta Prasith, apelidado Chong. Nuon se formou em Hanói, entre 1954 e 1970. Na ocasião em que encontrou François Bizot, ele comandava as tropas da Zona Sudoeste. (N. A.)

- Antes de fazer uma pergunta, é preciso prepará-la minuciosamente (ERN 0 007 468).

- A propósito da pessoa que é questionada e adivinha nossas intenções: se já sabemos o que queremos ouvir do suspeito, sua resposta estará sempre em conformidade com a nossa expectativa. É este justamente o erro que deve ser evitado, bem como o maior defeito dos interrogadores (ERN 0 007 467).

O interrogatório

Por mais necessário que seja, [o interrogatório] é somente uma pequena parte do trabalho de polícia. As confissões assim obtidas não vão além de 20% ou 30% da verdade. O PCK sabia disso. De igual modo, as confissões eram geralmente recebidas e a seguir avaliadas em função desta ideia: "Antes de cortar o bambu, é preciso podar-lhe os espinhos".

A perpetração pelo PCK de toda espécie de *crimes contra a humanidade* sofrida pelo povo cambojano começou realmente em 1970. Foi nesse contexto que a ação do M-13 encontrou sua razão de ser, a partir de 20 de julho de 1971. Como [antigo] diretor do M-13, assumo inteira responsabilidade por todos os crimes ali perpetrados, pelos quais exprimo com sinceridade os meus mais sentidos remorsos.

"No mesmo momento, senti imensa culpa em relação aos meus dois companheiros, tomando subitamente consciência de que eu deveria também confortar as suas famílias, apoiá-las..." (*Le Portail*, p. 199).

Conclusão

As palavras acima têm grande força; elas me fizeram perceber e tomar consciência de que, no passado, eu não soubera avaliar em toda a extensão o estado de sofrimento crônico que já então afetava profundamente lok Bizot.

Que Deus perdoe o Seu filho, filho que foi incapaz de medir o sofrimento de sua vítima, François Bizot!

Que Deus conceda misericórdia, proteção e prosperidade a lok Bizot!

Que Deus tenha piedade das almas de Lay e Son, que Ele perdoe lok Bizot, que Ele perdoe o Seu filho, na Sua misericórdia.

Confessei a ti o meu pecado,
e minha iniquidade não te encobri;
eu disse: "Vou a Iahweh
confessar a minha iniquidade!"
E tu absolveste a minha iniquidade,
perdoaste o meu pecado.

Salmos 32,5

Segundo anexo

O texto apresentado a seguir reproduz a transcrição do depoimento que prestei perante a Câmara Extraordinária nas Cortes do Camboja, nos dias 8 e 9 de abril de 2009, em Phnom Penh. Nele constam igualmente os momentos mais significativos da minha troca de palavras, no decurso das duas datas mencionadas, com os promotores públicos, juízes e advogados, tanto das partes civis quanto do réu.*

---

* A transcrição integral pode ser encontrada no site: <www.versilio/slog/francoisbizot.com>. (N. A.)

DEPOIMENTO DO SR. FRANÇOIS BIZOT, TESTEMUNHA
DA CÂMARA Nº 1 (8-9 DE ABRIL DE 2009)

PRESIDENTE — A audiência está aberta. [...] Peço ao oficial de justiça a gentileza de conduzir a testemunha à sala de audiência. [...] Sr. François Bizot, o senhor poderia relatar o que viu no campo de prisioneiros do M-13, desde sua detenção até sua libertação e regresso a Phnom Penh?

TESTEMUNHA — Perfeitamente, senhor presidente. [...] No decorrer das minhas pesquisas sobre o budismo cambojano, tive de me transferir para a região de Oudong, depois de ter sido expulso da Conservação e do Parque de Angkor, onde eu morava e trabalhava, pela invasão norte-vietnamita. Prossegui meu trabalho na província de Kandal. No dia 10 de outubro de 1971, deixei Oudong com destino a Vat Ô, um mosteiro situado ao norte, perto da aldeia de Tuol Tophi. Viajava numa viatura de serviço da Escola Francesa do Extremo Oriente, junto com minha filha Hélène, de pouco menos de três anos de idade, os dois auxiliares que mencionei há pouco e dois ou três moradores da aldeia que me ensinavam o caminho. Ao chegar a Vat Ô, fomos recebidos pelo Venerável Superior, e ele estava bastante nervoso. Achei que as coisas não estavam saindo como tínhamos previsto. Então, percebi que tinham nos armado uma emboscada ou, por infelicidade, uma patrulha de milicianos tinha caído sobre nós. Fui imobilizado na hora, enquanto meus auxiliares tinham os braços amarrados às costas. Já eu me debati, não deixei que me amarrassem e pedi — um tanto equivocadamente — que me conduzissem até o chefe local, na aldeia de Tuol Tophi. Passamos quase duas horas ali. Nesse meio-tempo, fui interrogado por um responsável, que ouviu o que eu tinha a dizer — em suma, que tinha vindo ao mosteiro para estudar os rituais do budismo cambojano — e que ao terminar minhas explicações concluiu que eu era um agente da CIA e me disse isso. Apalparam as minhas axilas à procura de um microfone, talvez — não sei. Em seguida, meus dois companheiros foram levados dali, enquanto eu fui amarrado e, sem perda de tempo, enveredamos por uma trilha no mato, vigiado por dois guardas, um dos quais trazia um fuzil.

Passei a primeira noite numa espécie de sala,* perto de algumas casas, e na manhã do dia seguinte cheguei a uma aldeia que não pude identificar. Os meus dois companheiros já estavam ali, no piso superior de uma casa onde havia um tronco de madeira maciço, um knoh: suas pernas, enfiadas em orifícios em forma de meia-lua, estavam presas entre os dois cepos. Tomei lugar ao lado deles na mesma posição, deitado de costas. Algum tempo depois, vieram me buscar para ser julgado perante um tribunal formado

---

* "Sala", pavilhão de madeira e bambu erguido no centro das aldeias cambojanas e à margem dos caminhos, utilizado como espaço comunitário e de lazer, pouso para viajantes etc. (N. T.)

por um khmer krohm* no papel de juiz, que reconheci pelo sotaque, e dois escrivães que anotavam o que eu dizia. À nossa volta, havia uns cinquenta aldeãos. O interrogador, com os cotovelos apoiados sobre a mesa, que estava em cima de um estrado, disse que me conhecia, que tinha me visto em Saigon, e que os lacaios do imperialismo americano precisavam de gente como eu, que falava a língua khmer, para ir levar a paga dos combatentes a soldo dos americanos, pois não confiavam nem sequer nos próprios soldados. Obviamente, neguei a acusação, que não tinha pé nem cabeça para mim, e acrescentei que se ele tinha certeza do que dizia, o que tinha a fazer era me matar sem demora. A resposta arrancou aplausos da plateia atrás de mim. A seguir — com sua licença, vou resumir um pouco, não me lembro muito bem dos pormenores —, mas o juiz disse que havia contradições entre aquilo que a Angkar sabia e a resposta que eu tinha dado. No seu entender, portanto, eu era passível de ser acusado de algo que ele não reconhecia. Sem demora, fui levado de volta ao tronco. Nos serviram uma refeição. Em seguida, após ter ouvido um vozerio em volta da casa, dizendo alguns: "O que estão esperando para tirar a roupa dele e matá-lo?", alguns milicianos subiram, me levaram para fora desacompanhado, me vendaram os olhos e me conduziram para ser executado.

Nunca saberei se foi um simulacro de fuzilamento ou uma ordem que não foi levada a cabo. Fosse como fosse, continuei vivo e fui conduzido por um caminho que, de escala em escala, foi dar no campo M-13 na manhã do dia seguinte. Reparei que Lay e Son já estavam ali, ou tinham chegado pouco depois de mim. Não pude ter uma visão de conjunto do campo assim que cheguei,

---

* "Khmer krohm", habitante do baixo Camboja [Kampuchea Krohm], isto é, o delta do Mekong, parte do império de Angkor também conhecida como Cochinchina, agora anexada ao Vietnã. (N. T.)

pois fui recebido por um encarregado que logo se mostrou cínico e agressivo. Ordenou que eu fosse preso a um vergalhão de ferro ao qual já estavam agrilhoados, por uma espécie de peia na qual era enfiado o tornozelo, uns quinze ou vinte prisioneiros. Eles abriram espaço para mim, e eu me espantei não só com o sistema de travamento, mas também com a posição que iria ocupar, na extremidade da barra. Como os meus ossos são razoavelmente grossos, aconteceu que o meu tornozelo não entrava na peia. O responsável mandou buscar uma peia mais larga, que me servisse.

Nisso, um jovem no qual eu não tinha reparado até então se aproximou, justo no momento em que eu pedia autorização para ir me banhar no rio. Eu tinha caminhado dois dias e duas noites pisando um chão de arenito esboroado e lavado pelas chuvas, e estava coberto de lama. Foi nesse meio-tempo, enquanto insistia em ir me lavar, que o recém-chegado interveio para me dar sua autorização. Compreendi, então, que o responsável pelo campo não era o sujeito agressivo que tinha me recebido; antes, ele era subordinado a alguém capaz de lhe contestar — me desculpe, senhor presidente, esqueci de esclarecer que os prisioneiros não tinham em absoluto autorização para tomar banho. Fui, então, me lavar. Quando voltei, como o problema da peia ainda não tinha sido resolvido, o rapaz, ele mesmo, mandou que eu fosse alojado à parte, fora do perímetro das três palhoças destinadas aos prisioneiros — em número de quarenta, talvez entre quarenta e cinquenta. Os guardas me levaram até um abrigo de bambu onde eram armazenados os dois ou três sacos de arroz com casca que os aldeãos da redondeza traziam ao campo todas as semanas, numa carroça. O lugar, portanto, já estava ocupado pelos sacos de arroz. Fui acorrentado pelo pé debaixo dessa espécie de tenda, e recordo que logo começou a chover. A noite chegou, um dos guardas veio me trazer uma refeição saltando entre as poças d'água. Era minha primeira noite no campo, e depressa adormeci.

No dia seguinte, fiquei conhecendo melhor o rapaz que tinha identificado como responsável pelo campo, e que os guardas me disseram se chamar Deuch. Os guardas mesmo, quando se referiam a ele, diziam "Ta Deuch". Ele decidiu conduzir pessoalmente os meus interrogatórios. Disse que havia sérias acusações contra mim, e tive de escrever minha primeira declaração de inocência. Escrevi várias declarações de inocência em folhas de papel que ele me dava, sempre com grande emoção, pois achava que elas estariam entre as coisas que eu deixaria atrás de mim, provavelmente as últimas. Bem depressa percebi que a atmosfera do campo era a de um lugar de onde não se saía com vida. Os guardas, dos quais dependia cada instante do meu dia a dia, conversavam entre si com a puerilidade dos meninos da sua idade e também com um lado perverso: era muito fácil saber o que estava em jogo ali e o que eu devia esperar, bem como os meus colegas de cativeiro.

Assim sendo, havia sessões de interrogatório entre mim e o responsável dia após dia. Ele tinha 27 anos, eu trinta. Sob o bombardeio das questões, embora sempre feitas com certa amabilidade, devo dizer, e devido à exasperação contínua que eu sentia por ter sido tomado pelo que não era, da injustiça que consistia em ser tomado por um espião da CIA, quando aquele tipo de coisa nada tinha a ver comigo, acabei me rebelando e comecei eu mesmo a questioná-lo, em contrapartida. Isso durou várias semanas. É claro que, naquele ritmo, contraímos certo hábito, o que não deixou de concorrer para tecer os laços de uma relação regular. Deuch, se bem me lembro, devia fazer relatórios e prestar contas ao menos uma vez por semana. A gente podia vê-lo escrevendo tarde da noite ou bem cedo pela manhã. Tinha fama de trabalhador incansável, falava pouco e era muito compenetrado de suas responsabilidades como chefe do campo. Os interrogatórios, no que me diz respeito, sempre foram conduzidos de maneira polida e eu nunca sofri maus-tratos.

Deuch, acho eu, deve ter ponderado que, se eu fosse um agente da CIA, a melhor maneira de obter a verdade de mim não seria me aplicar maus-tratos, em todo caso, mas entabular uma discussão comigo. O meio de me desmascarar seria fazer perguntas sobre meu trabalho, minhas atividades na Conservação de Angkor, o budismo cambojano, que ele não conhecia tão bem quanto eu. Pediu que eu lhe fornecesse o máximo de pormenores para, me parece, averiguar se eu tinha realmente o perfil de um estudioso ou as qualificações que dizia ter para lidar com a história, as inscrições e os textos cambojanos.

Perguntei a Deuch se poderia dispor de um caderno, que um dia ele me trouxe junto com uma caneta Bic e uma lâmina de barbear. Tinha muita vontade de fazer a barba. Guardei o caderno comigo, senhor presidente. Talvez eu possa lhes mostrar rapidamente a capa e algumas páginas.[1] [...] Gostaria apenas de mostrar essa peça, o caderno que Deuch me trouxe e eu preenchi, anotando lembranças de infância e alguns poemas... Nesse caderno, eu também tentei desenvolver uma problemática de pesquisa convincente sobre o budismo, a fim de mostrar que era realmente um estudioso. Mais tarde, quando se confirmou que eu seria libertado, perguntei a Deuch se poderia ficar com o caderno, e ele fez questão de examiná-lo antes de tomar uma decisão. Leu o caderno com bastante atenção, acho eu, me pediu algumas explicações no meio-tempo e depois o devolveu. Portanto, eu o tenho ainda. Devo dizer que nunca mais reli o caderno que trouxe comigo.

Pelo menos uma vez por semana, como disse, Deuch voltava da aldeia ou do lugar onde tinha de se apresentar. Era impressionante como sua saúde, como a de quase todos nós, era ruim. Talvez não devesse dizer "nós", pois tive a sorte de não cair doente nem uma só vez, a ponto de eu mesmo me sentir incomodado. Quando alguém perguntava pela minha saúde, eu inventava umas dores de cabeça para não provocar ciúmes. Eram os meses de outubro, novembro, dezembro e como sabe, senhor presidente, essa é a estação da malária. Os estragos causados pela malária no campo deixaram muitos mortos. Os que não morriam, por isso mesmo, se encontravam num estado de grande esgotamento. Uma vez, Deuch me disse que iria partir no dia seguinte e talvez tivesse boas-novas para me dar quando voltasse. Assim, eu estava bastante impaciente para que ele voltasse, e foi então, após seu retorno, que ele pôde me dar a notícia de que eu poderia voltar a me reunir com minha família. Quando me inteirei da novidade, da qual a princípio desconfiei — é preciso dizer, senhor presidente, que nada era dito; a mentira era o oxigênio que todos respiravam, todos expulsavam do peito aquele ar viciado. A mentira se fazia presente até mesmo quando alguém era conduzido para a morte: nunca lhe diziam nada, negavam até o último momento. Assim, me custava muito crer naquela promessa de liberdade. Como tive ocasião de observar, eu nunca poderia fornecer uma prova da minha não culpabilidade, assim como Deuch nunca obteria uma da minha culpabilidade, ainda que eu fosse o único a acreditar nisso… No entanto, a esperança nunca abandona o prisioneiro. Ao mesmo tempo, eu já tinha compreendido que minha vida dependia dele, que ela estava em suas mãos e não apenas nas minhas.

Portanto, quando ele me disse que eu seria libertado, essa não chegou a ser uma notícia que eu recebesse com alegria, como seria de esperar. A minha resposta, a minha reação, foi dizer: "Então, prove isso! Tire minhas correntes!". Tão penosas, aquelas correntes… Deuch ordenou imediatamente aos guardas que me tirassem as correntes. De pronto, eu lhe disse: "Se fui solto, é porque sou inocente. E, se sou inocente, os dois khmer que estavam comigo também são. Mande soltá-los, então!". Deuch mandou os guardas soltarem meus companheiros. Foi assim que tornei a vê-los, após três meses. Nem é preciso dizer como foi importante esse momento de confraternização — o que, aliás, não demonstramos de jeito nenhum. Em todo caso, voltamos a nos ver, conversamos pouco, mas voltamos a nos reunir. Comecei a achar que isso era um forte motivo para termos esperanças. Já Lay e Son, de modo algum. Para eles, aquilo era uma maneira de nos fazer engolir a pílula. Nenhum deles, nenhum dos meus colegas de cativeiro acreditou, quando me viu partir, que eu seria libertado. No fundo, todos achavam que o caminho que me fariam tomar era o mesmo que muitos tinham tomado antes de mim.

Eu seria, pois, libertado no dia de Natal. Mas, devido a um incidente estúpido, causado por um guarda que tomou a bicicleta emprestada e não a devolveu a tempo, a minha libertação foi adiada para o dia seguinte. É claro, esse atraso em relação ao programa previsto me deixou bastante confuso. Mas, de qualquer jeito, era a noite de Natal: a ocasião, já que eu estava livre, de passar a minha primeira noite sem correntes, mas também de conhecer melhor — digamos assim, de ver com outros olhos ou com um olhar diferente — alguém que também teria uma atitude diferente em relação a mim, já que eu estava numa situação quase... não diria nem mesmo transitória, visto que estava a ponto de ser libertado. E, em volta da fogueira que os guardas costumavam acender à noite, porque fazia frio — e devo dizer que nessa altura do ano, o frio na selva dos Cardamomos era muito intenso e as noites, geladas; nas noites piores, eu me arranjava com um tição que os guardas traziam para esquentar um pouco o chão onde dormia.

Então, me aproximei da fogueira onde Deuch devia estar — tinha me esquecido do detalhe —, e pudemos conversar. Falamos mais à vontade sobre as nossas famílias, se bem que Deuch, pelo que pude saber, só tinha a família dos pais; quero dizer, ele mesmo ainda não era chefe de família, não tinha filhos na época. Ele também se mostrou muito atencioso procurando saber o que tinha sido feito de Hélène, minha filhinha, que vinha comigo no carro e tinha ficado na última aldeia antes de Vat Ô, junto com uma das meninas que também viajavam conosco. Confesso que essa circunstância estava na origem do sofrimento contínuo que suportei durante todo o cativeiro — não saber onde estava Hélène e o que fora feito dela. Deuch procurou me tranquilizar quanto a isso.

Em duas ocasiões, alguns dias antes, eu tinha me perguntado que meios o pessoal do campo teria para fazer os prisioneiros falar. Pois eu tinha entendido, mesmo sem… interpretando indícios e recados vindos basicamente dos guardas, que apesar das ordens recebidas deixavam escapar praticamente tudo: fiquei sabendo que não estávamos muito longe de Omleang, eles comentavam uns com os outros — concluí que os prisioneiros sofriam maus-tratos. A licença para tomar banho no primeiro dia foi renovada depois e se transformou num direito adquirido, poder tomar banho todas as tardes. Por ocasião de um desses banhos, num riacho que não tinha mais de trinta centímetros de profundidade — em todo caso, era um riacho de águas claras —, acabei galgando a margem oposta e vi, a algumas dezenas de metros, uma cabana solitária da qual me aproximei. Dentro dela, reparei, havia uma barra horizontal feita de um bambu bem grosso, equipada com argolas corrediças de ratã que serviam claramente para sustentar uma pessoa pelos pulsos. Voltei rapidamente, mas guardei a lembrança.

Outra lembrança, mais uma vez voltando do banho. Para mim, era a única oportunidade de ter uma visão do campo diferente daquela a que estava condicionado pelo comprimento da corrente que me prendia. Dei com um prisioneiro que, pelo visto, estava internado havia tanto tempo que podia circular livremente, embora sujeito à mesma sorte dos outros. Afilava a ponta de uma vara de ratã. Ao passar por ele, disse: "Oh, camarada! Em quem vai dar com essa chibata?". O infeliz olhou para mim e exclamou que não era ele quem açoitava. Na verdade, tinha sido uma pilhéria da minha parte, pois eu estava longe de imaginar que ele estivesse realmente ocupado em fabricar uma chibata.

Foi, pois, sem ter realmente certeza, me baseando numa série de deduções, que na noite de Natal perguntei a Deuch: "Mas, quem bate nos prisioneiros?". Deuch respondeu sem hesitação que às vezes ele mesmo batia nos prisioneiros, quando eles mentiam e seus depoimentos eram contraditórios; que ele abominava a mentira; que esse trabalho lhe… Não recordo a expressão exata, algo como: esse trabalho lhe dava vontade de vomitar. Mas era de sua responsabilidade, a Angkar esperava isso dele. A tarefa era parte de suas funções. Fiquei horrorizado. Acho que o episódio marcou um momento decisivo, o ponto de partida de um longo processo que teve lugar em mim…

Posso dizer, senhor presidente, que até então eu me sentia bem confortável. Pensava que estava do lado bom da humanidade; que havia monstros com os quais eu nunca teria nada a ver, graças a Deus; que havia uma diferença de história, de sensibilidade; que se tratava de um estado de natureza; que nem todo mundo poderia se tornar monstro; que alguns já nasciam assim, outros nunca chegariam a monstros. Devo dizer que a resposta de Deuch, quando a relacionei com aquilo que tinha percebido dele no decorrer dos interrogatórios, me tirou do erro. Naquela noite de Natal, enquanto eu esperava, quando ele me disse aquilo, descobrir um monstro "inumano", como costumamos dizer — me dei conta de que a coisa era infinitamente mais trágica, infinitamente mais terrível, e que o homem que tinha diante de mim era parecido com muitos amigos meus. Um marxista, comunista marxista, disposto a sacrificar a vida, caso preciso, pelo seu país, pela revolução, na qual punha fé. A finalidade última desse engajamento era o bem-estar do povo do Camboja, a luta contra a injustiça. E, embora houvesse muito simplismo nos clichês utilizados para caracterizar o camponês khmer — a fonte na qual se abeberava a revolução comunista cambojana —, esse camponês, retratado sob os traços de um arquétipo criado a partir dos elementos mais díspares, mesmo que houvesse, pois, uma ingenuidade diabólica nesse arquétipo, havia também da parte de Deuch, e provavelmente de muitos revolucionários, uma sinceridade fundamental. Na época, eu mesmo tinha amigos em Paris que estavam totalmente engajados na revolução comunista, e que viam, aliás, o que se passava no Camboja por uma óptica que me revoltava, mas que também se justificava para eles como um fim que sacralizava os meios. Esse fim que sacralizava os meios era a independência do Camboja, seu direito à autodeterminação, sem falar na erradicação da miséria... Um sonho, enfim, mas os cambojanos não foram os primeiros na história da humanidade a matar para tornar um sonho realidade.

Então, pela primeira vez, consegui enxergar o que havia atrás da máscara usada pelo monstro que tinha diante de mim. Ele também tinha o encargo de interrogar os prisioneiros, era sua função. Não vi tudo, longe disso, mas só posso testemunhar em função daquilo que compreendi e das lembranças que guardei. Seu trabalho, portanto, era escrever relatórios sobre as pessoas enviadas ao campo para ser executadas. Reparei, desde então, que o monstro em questão tinha características humanas um tanto surpreendentes e perturbadoras, e que dali em diante eu já não estaria a salvo, nós não estaríamos mais a salvo. O pior que podia acontecer, sem dúvida, seria fazer de tais monstros seres aberrantes. A coisa, portanto, era bem mais complicada.

Não foi assim que formulei tudo isso na época. Mas foi esse encontro, esse tormento do qual eu não esperava sair com vida, que está na origem de uma espécie de cozimento a fogo lento, e que ressurgiu no dia em que soube que Deuch estava vivo. Pois, se havia algo a dizer, era que... — tanto mais que, nesse meio-tempo, o horror dos crimes de Tuol Sleng tinha vindo se somar à gravidade dos fatos ocorridos no M-13 —, se havia algo a dizer, era que eu tinha conhecido um rapaz, na época um revolucionário em projeto, e que esse rapaz, à vista de seus camaradas, tinha sido paulatinamente encarregado de uma missão da qual ele se desincumbira de modo assombroso, embora com grande seriedade, sempre tendo em vista o cumprimento dos encargos que lhe tinham confiado, e que dali em diante seria bom saber que tal calamidade não tinha sido obra de um indivíduo isolado, mas vinha de um homem que se parecia com todo mundo.

Receio ter compreendido também que a situação na qual Deuch se encontrava não lhe permitia voltar atrás. Não só por medo de ser morto — o que teria sido fatal —, mas simplesmente porque aos olhos dos outros, em função dos compromissos que ele tinha assumido ao entrar para a resistência armada, ele passara a fazer parte de um grupo, de uma família, e sem dúvida alguma seria extremamente difícil deixá-la. A armadilha se fechou sobre ele. É isso que ainda hoje me faz estremecer, senhor presidente. Terminei meu depoimento.

PRESIDENTE — Dando prosseguimento, gostaria de indagar aos juízes se desejam fazer perguntas à testemunha. Meritíssimo Lavergne?

JUIZ LAVERGNE — Obrigado pelo seu depoimento. Vou lhe fazer algumas perguntas para tentarmos esclarecer as implicações do seu testemunho. Em primeiro lugar, a propósito dos fatos e do campo de prisioneiros propriamente dito. O senhor mencionou que, em sua opinião, devia haver entre quarenta e cinquenta prisioneiros. O senhor chegou a averiguar se esses prisioneiros vinham de uma determinada categoria da população cambojana? Eram prisioneiros de guerra, gente do campo ou da cidade? A composição dessa população variava muito? Havia novos carregamentos, embora o termo não seja muito elegante... Chegavam novos prisioneiros?

TESTEMUNHA — Sim, realmente, acho que eram uns cinquenta prisioneiros. Pelo menos, enquanto estive ali — e eu só fiquei três meses. Pelo que pude observar, concluí que a grande maioria era de camponeses que viviam nas regiões controladas pelo Khmer Vermelho. Quanto aos "carregamentos", enfim... para utilizar a expressão de que o senhor se serviu, meritíssimo — queira me desculpar —, quanto... quanto à chegada de novos prisioneiros, na maioria das vezes eram prisioneiros que chegavam desacompanhados — e eventualmente acompanhados, me lembro de um homem que chegou trazendo a filhinha — ou em grupos de dois ou três, e nesse caso provavelmente vinham das mesmas zonas. O problema, a meu ver, estava localizado na faixa fronteiriça entre os territórios controlados pelo Khmer Vermelho na região militar sudoeste, que formava um verdadeiro baluarte, e as zonas na divisa das chamadas áreas controladas pelos governamentais. Pelo visto, o M-13 já era... — não tenho certeza disso — mas, já devia ser um órgão de segurança voltado para a contraespionagem; em todo caso, o grosso dos prisioneiros parecia ser formado por pessoas que tinham sido encontradas numa zona onde não eram conhecidas, sem que tivessem podido explicar a sua presença ali. Em consequência, muita gente que traficava mercadorias entre as duas zonas pode ter sido enquadrada como espião. Por outro lado, certa vez presenciei a chegada de alguns soldados ao anoitecer, uns vinte ou trinta, todos descalços. A chegada deles causou alvoroço no campo, pois não tinham tomado nenhuma providência para recebê-los. Ou pararam ali para fazer uma escala, ou por engano. Só pernoitaram no M-13. Acho que o lugar não estava preparado para receber prisioneiros de guerra.

JUIZ LAVERGNE — O senhor nos descreveu a situação que lhe coube, gostaria que nos fornecesse mais alguns pormenores sobre a situação dos outros... congêneres, para retomar a expressão que o senhor mesmo utilizou. O senhor disse que eles ficavam agrilhoados, que tinham os pés enfiados em peias. O senhor poderia nos dizer em que condições de higiene eles viviam? De que modo satisfaziam suas necessidades naturais? Tinham permissão para tomar banho? Tinham o que comer?

TESTEMUNHA — Todos os prisioneiros, com raras exceções, eram mantidos agrilhoados a um mesmo vergalhão de ferro, em torno do qual deslizavam umas peças de ferro retorcidas, em forma de ferradura de cavalo, que serviam para prender o tornozelo. Cada uma das três palhoças, cujo assoalho ficava a oitenta centímetros do chão, podia abrigar uns vinte, talvez trinta prisioneiros. Uma delas, pelo visto, era reservada aos doentes; as outras duas estavam lotadas. Quanto à higiene, os prisioneiros não tinham nenhuma liberdade para se lavar — só mesmo quando chovia, o que acontecia com frequência. Então, eles podiam se aspergir com água da chuva recolhida nos recipientes para urina, que permitiam a cada um satisfazer as suas necessidades sem precisar molestar todo mundo. Eram uns tubos grossos talhados numa espécie de bambu gigante das selvas cambojanas, como aquele utilizado para extrair açúcar das palmeiras doces, dependurados nas extremidades da choupana. Aliviar os intestinos era outro problema. Os prisioneiros comentavam com espanto a aventura que consistia em se deslocar até a fossa de dejetos. Era um buraco aberto no chão, cheio de matérias fecais diluídas por enxurradas de lama, sobre o qual o prisioneiro se sentava, cada pé apoiado numa prancha de madeira escorregadia colocada de través sobre a abertura, que tinha mais ou menos um metro e meio de diâmetro. O medo de cair lá dentro deixava todo mundo arrepiado, tanto que isso já tinha acontecido uma vez, se não me engano.

JUIZ LAVERGNE — A alimentação. O que o senhor poderia nos dizer sobre ela?

TESTEMUNHA — Fazíamos duas refeições por dia. Elas se compunham de um prato de arroz suculento, pilado durante a manhã por alguns prisioneiros — dois, se não me falha a memória, que desfrutavam do privilégio de não passar o tempo todo agrilhoados. A ração diária era tirada do suprimento que os camponeses da aldeia vizinha, Thmâr Kok, nos traziam. Era um arroz suculento, repito. Em todo caso, é a lembrança que guardei, não sei se era a fome ou a qualidade do arroz que me deixava essa impressão — mas era o único prato. Havia uma fartura de arroz ou, em todo caso, os pratos eram muito bem servidos, mas era só o que havia.

JUIZ LAVERGNE — O regime alimentar era o mesmo para todos os detentos, ou lhe parece que o senhor teve tratamento especial?

TESTEMUNHA — Ia acrescentar isso, meritíssimo. Gozei de tratamento especial a partir do momento em que Deuch julgou que eu não era culpado das acusações feitas contra mim. Para que eu pudesse conservar a saúde, contribuiu a sopa que dividia com os guardas. À exceção de mim, o regime era o mesmo para todos os prisioneiros. Esclareço que o regime dos guardas consistia em uma refeição extremamente frugal.

JUIZ LAVERGNE — A propósito das diferentes categorias de prisioneiros. O senhor falou em prisioneiros que eram acorrentados, agrilhoados, e prisioneiros que trabalhavam e não levavam correntes. Tratava-se de um regime diurno? O regime noturno era igual? Os prisioneiros eram aferrolhados durante a noite? Era grande ou não o número de prisioneiros desacorrentados?

TESTEMUNHA — Não eram numerosos, eles trabalhavam na cozinha. Até onde me lembro desses detalhes, não tenho condições de prestar os esclarecimentos que o senhor me pede, isto é, se eles ficavam agrilhoados durante a noite e não durante o dia. Eu me inclino a pensar que não, mas não tenho certeza. Um deles, aliás, conseguiu escapar quando eu estava lá. A fuga deixou os guardas em polvorosa. Alguns saíram correndo atrás dele e voltaram dizendo que o tinham apanhado e matado no próprio local.

Não sei se é verdade. O trabalhador fugitivo, que eu via todas as manhãs pilando arroz e que vinha muitas vezes trazer pessoalmente minha refeição, era muito calado. Acho que nós todos sonhamos com sua fuga nos colocando em seu lugar. Havia, pois, várias pessoas que realmente circulavam pelo campo, mas no meu entender se tratava sempre de prisioneiros que estavam internados havia muito tempo e que, de algum modo — por seu trabalho, pela obediência às condições impostas —, tinham conquistado o direito de não ficar mais acorrentados.

JUIZ LAVERGNE — Há pouco o senhor falou dos guardas, de seu comportamento pueril, de sua pouca idade. O senhor poderia nos adiantar mais detalhes sobre a situação dos guardas? Eram todos meninos? Havia adultos, havia uma hierarquia?

TESTEMUNHA — Realmente, não sei se havia uma hierarquia entre os guardas, não creio. Por outro lado, tinham, sim, superiores — entre eles, o adjunto de Deuch, por assim dizer, que era a pessoa mais velha ali, e outros responsáveis mais jovens que via aparecer no campo e dos quais não me lembro muito bem — particularmente, um jovem que apareceu várias vezes e que conduzia as sessões de autocrítica entre os guardas, à noite — sessões de doutrinação, de certo modo. Em contrapartida, havia muita altercação entre eles. Eram bons meninos da roça, vinham das aldeias vizinhas, posso dizer isso com certeza de muitos deles, pois lembro que, a fim de preparar o jantar de despedida que mencionei no início do depoimento, recebi permissão para acompanhar um deles até uma... não era bem uma aldeia, mas um grupo de casas espalhadas no meio de uma mata rala, enfim... até a casa de sua mãe, para encomendar e pagar as treze galinhas que iria precisar, pelas minhas contas. Portanto, os guardas eram meninos da região. De certo modo, eles gozavam — pelo menos quanto ao regime alimentar e, suponho, também no espírito dos seus chefes — da proteção desfrutada pelo povo engajado na causa da revolução, que autorizava os próprios filhos a se juntar aos revolucionários. De certo modo, isso os protegia. Entre eles, comportavam-se como crianças que se divertiam. Podiam ser cruéis e perversos, e, ao mesmo tempo, gentis e simpáticos. Durante três meses, fui vigiado pelos mesmos guardas. O humor deles variava de um dia para o outro, tinham um comportamento instável, não se podia esperar que quem se mostrasse transigente na segunda-feira também o seria na terça.

JUIZ LAVERGNE — Passemos então aos interrogatórios. Falou-se aqui em método "frio". O senhor ouviu falar nesse termo? Palavras como essa eram utilizadas no M-13 quando o senhor esteve encarcerado lá?

TESTEMUNHA — Não, meritíssimo. Acho que, ao empregar tal palavra, cometi um anacronismo. Na verdade, fiquei sabendo, porque havia lido isso, que na S-21 se usava o método "frio" e o método "quente". Quanto a mim, não quis me referir a uma determinada técnica de tortura, mas simplesmente dizer que não sofri maus-tratos, digamos, que não fui torturado como forma de me forçar a passar às confissões. Eis o que eu queria dizer.

JUIZ LAVERGNE — O senhor mencionou que lhe pediram para redigir uma declaração de inocência. Essa foi a palavra que o senhor usou. Pois então, gostaria de saber se o que realmente lhe pediram foi que redigisse uma declaração assim qualificada ou que redigisse confissões?

TESTEMUNHA — As duas coisas talvez sejam um pouco parecidas, mas me lembro — a menos que tenha inventado o termo nesse meio-tempo... A lembrança que sempre me acompanhou foi a de uma "declaração de inocência", isto é, um texto que eu deveria redigir declarando ser inocente das acusações feitas contra mim. Era, normalmente, o desenvolvimento ou a segunda parte de um curriculum vitae. Aí, eu deveria declarar a minha identidade, fornecer todos os dados sobre meu pai e minha mãe, e, como se tratava de estrangeiro, explicar também as razões que tinham me trazido ao Camboja. Eu devia jurar, e, devo dizer, para dar mais consistência, mais veracidade àquilo que afirmava, sempre, enfim, toda vez eu escrevia: "Juro, pela vida de minha filha, que nunca fui... etc. etc". De certa forma, deveria declarar que era inocente.

JUIZ LAVERGNE — O senhor nos falou também daquilo que viu numa cabana situada na outra margem do rio, do riacho, e das deduções que fez a partir disso. Mas o senhor chegou de fato a presenciar cenas de violência? Tirando o que o senhor possa ter visto, alguma vez ouviu gritos ou algo que o levasse a pensar que ali se cometiam violências contra os prisioneiros?

TESTEMUNHA — Nunca. Nunca ouvi gritos e nunca fui testemunha de nenhuma cena de violência durante todo o meu cativeiro no M-13. Em compensação, a partir do momento em que Deuch concordou em soltar os meus dois colaboradores, tal como havia feito comigo, nós pudemos nos reunir e conversar um pouco. Como disse, eles tinham certeza, embora não se atrevessem a dizer abertamente, que eu não seria libertado. Ou certeza ou receio, pelo menos. Disseram que ali os prisioneiros eram surrados, que levavam chibatadas nas costas, mas como todos vestiam camisas — camisas pretas de abotoar que não tiravam nem quando rasgadas — ninguém podia ver a marca deixada pelos açoites. Acho que não me equivoco ao relembrar esse ponto que meus auxiliares me revelaram.

JUIZ LAVERGNE — O senhor poderia nos falar um pouquinho das conversas que talvez tenha tido com Deuch a propósito das relações entre o Khmer Vermelho e o Vietcong?

TESTEMUNHA — Acho que uma das primeiras coisas que disse a Deuch foi uma constatação, uma observação que todo mundo fazia na época: "Mas vocês estão em conluio com os norte-vietnamitas, vocês, o Khmer Vermelho! Então, pensam que, depois de ganhar a guerra lutando lado a lado, eles irão se retirar?

Que lhes darão o lugar deles?". Acho que, ao dizer isso, ao exprimir minha desconfiança em relação às divisões norte-vietnamitas que entraram no Camboja trazendo como única provisão o nome de Sihanouk e um cigarro — entravam nas aldeias, vi quando entraram em Srah Srang estendendo um cigarro para os camponeses com quem cruzavam no caminho e pronunciando a única palavra cambojana que sabiam dizer: "Sihanouk-Sihanouk" — limito-me a relatar um fato —, ao exprimir tal desconfiança, eu aderia à linha do Partido, que, pelo visto, àquela altura já estava tomando suas distâncias em relação a tal cooperação, se é que se pode falar em cooperação a propósito do grande irmão vizinho. Também ressaltei o fato de que, quando as divisões do Vietnã do Norte chegaram à região de Siem Reap e a aldeia onde eu morava, treze quilômetros para o norte, acabou ficando do outro lado das linhas norte-vietnamitas que cercavam a cidade — eu havia tentado uma escapada para chegar à Conservação de Angkor, onde trabalhava, como fazia todas as manhãs, sem ter notado que as estradas tinham sido cortadas e que o Exército norte-vietnamita já estava a postos. Fui imediatamente detido e duas horas mais tarde conduzido em presença de um oficial subalterno de seus cinquenta anos, que me interrogou rapidamente. O oficial emitiu um salvo-conduto, a fim de que eu pudesse regressar à minha aldeia. Daquele dia em diante, nunca mais me desloquei sem levar o passe comigo. Aliás, está aqui comigo. Prescreve, em vietnamita, que deixem o camarada Bizot passar para chegar à sua casa, em termos suficientemente vagos para que sua utilidade não se esgote aí. Quando fui encarregado do posto da EFEO em Phnom Penh, continuei a usar o passe pela simples razão de que eram maiores as chances de topar com tropas norte-vietnamitas do que com o Khmer Vermelho, ainda pouco presente. Tudo isso para dizer que, no momento da minha captura, achei que o fato de ser portador dessa autorização contaria em meu favor. Mais tarde, fiquei sabendo que isso, pelo contrário, tinha sido assacado contra mim. Quanto a Deuch, já que ele nunca se manifestou sobre esse ponto na minha presença, não me recordo muito bem. Acho que ele estava bastante consciente do risco representado pela presença das forças norte-vietnamitas em território cambojano.

JUIZ LAVERGNE — Enfim, o senhor foi libertado, e mais tarde escreveu um livro que se chama *Le Portail*, em que ano o senhor escreveu o livro?

TESTEMUNHA — Escrevi o livro em 2000, meritíssimo.

JUIZ LAVERGNE — Na página 26 do livro, o senhor escreveu o seguinte: "Por um revés da sorte, eu fui uma delas [i. e., uma das testemunhas de primeira hora sobre a verdadeira natureza do Khmer Vermelho]. No dia 10 de outubro de 1971, minhas pesquisas me levaram até um mosteiro na região de Oudong, trinta quilômetros ao norte de Phnom Penh, quando então fui capturado e mais tarde acorrentado num campo de prisioneiros do Khmer Vermelho. Durante três meses, vi a abominação estender o seu manto sobre o campo cambojano. Quando fui libertado, a embaixada da França me pediu que traduzisse o texto do Programa Político da Frente Unida Nacional do Kampuchea, que tinha trazido comigo da selva. Seu conteúdo prefigurava o horror: já fazia menção à evacuação das cidades e à instauração de um coletivismo estatal sobre as bases de uma população reduzida. Essas advertências, devidamente transmitidas a Paris, foram dar em ouvidos moucos e a França, teimosamente, manteve o seu apoio ao Khmer Vermelho". Portanto, gostaria de saber, a citação que o senhor faz de tal documento — seu conteúdo corresponde à descrição que está no livro ou destoa da lembrança que o senhor guardou dele?

TESTEMUNHA — Durante o jantar oferecido por ocasião da minha partida pelos chefes do Khmer Vermelho da região de Omleang, o dirigente mais alto ali presente (havia cerca de oito ou nove pessoas), aquele que tomava a palavra o tempo todo para se dirigir a mim, que ria e fazia comentários políticos sobre a futura vitória do Khmer Vermelho, passado algum tempo me disse a que vinha: o Khmer Vermelho se fazia cada vez mais presente em Phnom Penh, mas os revolucionários dificilmente tinham acesso às embaixadas. Então, ele me perguntou se eu aceitaria ser o portador de alguns documentos para a embaixada do meu país. Concordei em levar os documentos; eles me foram entregues numa pasta, que enfiei imediatamente debaixo da camisa. Só insisti para que a encomenda não fosse muito volumosa, com medo de ser revistado no caminho.

Na realidade, se a minha libertação tinha sido obtida à custa de muitas divergências internas na cúpula do Khmer Vermelho, ela também implicava no meu regresso a Phnom Penh, a um meio republicano onde era plausível que eu despertasse alguma... suspeita, visto que até então só se conheciam casos de prisioneiros libertados pelos vietnamitas. O Khmer Vermelho não fazia prisioneiros. Entre os documentos, havia dois folhetos impressos em khmer. Não me lembro dos títulos, e menos ainda do conteúdo. Eu mesmo traduzi os textos, tomando para isso precauções de ladrão, pois receava ser apanhado com os documentos se dessem uma busca na minha casa, o que, no melhor dos casos, teria resultado na minha expulsão do Camboja. Ora, isso era a única coisa que eu não queria. Queria ficar no Camboja com minha família e continuar a fazer o trabalho de que tanto gostava. Era minha única preocupação.

Logo, traduzi rapidamente os textos, foi um trabalho difícil, e os entreguei na embaixada da França junto com as fotografias que também tinham me confiado. Havia uns vinte clichês, todos do período, mostrando combatentes do Khmer Vermelho, e também o seu armamento, de certo modo — é possível, foi algo que me ocorreu depois. As fotos também provavam que certas personalidades do regime do Khmer Vermelho tidas como eliminadas pelo Partido continuavam vivas — em especial, Hou Youn e Hu Nim pareciam estar bem vivos.

Quando senti a necessidade de escrever o livro, tive alguma dificuldade em relembrar alguns detalhes daquela época da minha vida, sempre que eles não estavam associados a sensações ou emoções. Escrevi o livro não como um relatório ou um depoimento, mas como uma revivência de certas impressões e sentimentos. Ora, como se tratava de folhetos de teor político, a questão que se colocava para mim era: como falar desse documento ou fazer referência a ele no livro? Tive a sorte de encontrar uma pista do documento nos arquivos do Quai d'Orsay, e como ainda não tinham se passado trinta anos precisei de uma autorização especial. Consegui, assim, obter uma cópia não da minha tradução, infelizmente, nem do texto original que a acompanhava, mas da sinopse que o encarregado de negócios da embaixada, o sr. Amiot, redigiu em seguida. O que existe nos arquivos, pois, é apenas uma sinopse da minha tradução. Esse documento um tanto edulcorado a que tive acesso não diz grande coisa e, a meu ver, tem muito pouco interesse. Pelo menos, nele constava o título do documento original, que transcrevi fielmente no livro.

JUIZ LAVERGNE — Então, esclareço que os juízes de instrução adjuntos fizeram averiguações a respeito dos documentos alegados encaminhando um pedido de informação ao Ministério das Relações Exteriores, e dois documentos intitulados "Programa Político da Frente Nacional Unida do Kampuchea" foram encontrados. Eles constam do dossiê, às cotas E-27-1-3 e E-27-1-4. Não sei se o senhor teve ocasião de ler os documentos em questão, mas acho que seria fácil concordar que não correspondem à descrição que está no seu livro. Em todo caso, não me consta que façam menção à evacuação das cidades ou à instauração de um coletivismo estatal fundado sobre uma população reduzida.

TESTEMUNHA — De fato, isso não consta da sinopse.

JUIZ LAVERGNE — Seria possível, então, que ao tentar resgatar uma lembrança o senhor possa ter lhe acrescentado o que está relatado no livro, ou talvez seja algo que realmente já se ventilava em 1971?

TESTEMUNHA — Todas as possibilidades devem ser consideradas, meritíssimo. Dito isso, lembro que encontrei dificuldades para traduzir o texto. Em particular, havia um neologismo que eu não compreendia bem e que traduzi por "ricaço", pois me pareceu que traduzi-lo por "rico" somente deixaria a desejar. Não penso ter elaborado o texto além do conteúdo, de que me lembro... apenas em linhas gerais, sem pormenores. É provável que os termos que utilizo no livro fossem expressões que entraram em circulação um pouco mais tarde, através dos jornais e dos surrados clichês "coletivismo local", "população reduzida" etc., termos precisos que posso ter empregado a propósito de um texto do qual só recordo o teor genérico.

JUIZ LAVERGNE — Última pergunta. O senhor menciona a análise, o questionamento da análise do comportamento humano que Deuch lhe inspirou. Vou ler uma frase que se encontra à página 428 do seu livro, *Le Portail*. O senhor disse o seguinte: "As pessoas que fazem parte da nossa história, que o tempo encasulou no fundo da nossa memória, mesmo que tenham sido o instrumento da nossa infelicidade, acabam por despertar em nós uma espécie de afeição". Ressalvo que, ao escrever isso, o senhor não se referia a Deuch, mas a certo Duong, que foi na verdade um dos milicianos que o capturaram em 1971. Mas, em sua opinião, essa frase também poderia ser aplicada a Deuch?

TESTEMUNHA — *Le Portail* foi escrito trinta anos depois, a partir de reminiscências das emoções, dos temores e das sensações que experimentei no calor do momento e que nunca mais me deixaram, passados 38 anos. O que relato acerca de Deuch e do M-13 é, portanto, aquilo que vi com meus próprios olhos, aquilo que senti e vivi no momento, baseado nos traços que essas impressões e sensações deixaram em mim. É uma démarche literária que se apoia numa reconstrução, que se nutre de reminiscências, o que não exclui que, através das imagens que permaneceram em mim, eu tenha conseguido restituir não a cronologia, mas talvez certa verdade ou exatidão das situações que se produziram diante dos meus olhos no campo de prisioneiros. As palavras ditas seja por Deuch, por mim ou pelos guardas, e que reproduzo no livro, não se remetem às palavras exatas que saíram de sua boca, mas ao conteúdo dos diálogos e àquilo que estes se propunham a exprimir.

Agora, o senhor se refere a um ponto preciso, a afeição que podemos guardar por certos entes, embora eles possam ter sido o instrumento da nossa infelicidade. Devo dizer que o meu encontro com Deuch marcou meu destino e toda minha reflexão, assim como tudo o que sou hoje, por uma razão simples e trágica. É que, de agora em diante, tenho de lidar como posso com um dado duplo, cujos dois aspectos se contradizem de modo atroz em mim: por um lado, um homem que foi o portador, o braço armado de uma carnificina promovida pelo Estado, que carrega nas costas tantos horrores cometidos que nem na imaginação eu consigo me colocar no seu lugar hoje; por outro lado, um jovem em quem receio reconhecer a mim mesmo, confesso, que se entregou de corpo e alma à revolução, a uma meta cuja grandeza, portanto, sancionava a ideia de que o crime não somente é algo legítimo, como também meritório — tal como sucede em todas as guerras.

Não sei o que fazer dessa contradição, meritíssimo. A vida me levou a frequentar essas duas regiões do humano simultaneamente, e não posso descartar a ideia de que aquilo que Deuch perpetrou poderia ter sido perpetrado por muitos outros. Ao pretender refletir sobre isso, não se trata de minimizar por um instante a magnitude, a gravidade, a abominação de seu crime. É nesse ponto que as coisas se tornam particularmente difíceis para mim, pois senti que não será fazendo de Deuch um monstro à parte que chegaremos a conceber a abominação em toda a sua extensão. Será, pelo contrário, reabilitando sua humanidade, que tanto pertence a ele quanto a nós, reconhecendo-a como de pleno direito e admitindo que, decididamente, ela não constituiu um obstáculo ao assassínio em massa que ele perpetrou. Portanto, longe de despertar em mim uma suposta "afeição", a tomada de consciência das características e da ambiguidade que formam nossa humanidade foi, muito pelo contrário, a causa do drama que hoje vivo, meritíssimo.

JUIZ LAVERGNE — Senhor presidente, com a devida vênia, gostaria de colocar algumas questões ao próprio réu.

PRESIDENTE — [...] Por favor, o senhor pode colocar as suas questões; o réu é autorizado a permanecer sentado onde se encontra para respondê-las.

JUIZ LAVERGNE — Pois bem, minha primeira questão é a seguinte. O senhor há de lembrar que, quando lhe fiz algumas perguntas sobre as condições de higiene dos prisioneiros, o senhor afirmou de forma taxativa que os prisioneiros podiam se lavar no rio. O senhor acabou de ouvir o que o depoente disse, que ele era o único a usufruir de tal privilégio. Gostaria, pois, de saber o que o senhor tem a dizer sobre esse ponto específico.

RÉU — Nenhum de nós dois traiu a verdade, meritíssimo. Quando o sr. Bizot esteve comigo, estávamos nas proximidades de um regato de mais ou menos trinta centímetros de profundidade. Ele está certo, portanto, quando relata que nessa época os prisioneiros não podiam se lavar nesse curso de água. O que eu declarei antes de ontem foi a propósito de outro local, próximo de um rio.

JUIZ LAVERGNE — Então, se compreendi bem o que o senhor disse, quando o sr. Bizot esteve preso os outros prisioneiros não podiam se banhar no rio?

RÉU — Sim.

JUIZ LAVERGNE — O senhor também ouviu a testemunha dizer que a mentira era o oxigênio que se respirava no M-13; que, por outro lado, a presença da morte no campo era muito forte. Ele também relatou o que o senhor lhe disse sobre a "tortura" — foi a palavra usada. Gostaria, então, de saber o que o senhor pensa disso, em seguida teria outra questão.

RÉU — No que diz respeito à tortura, já me expliquei perante o tribunal. De início, apliquei a tortura contra uma pessoa que se chamava Kéo Boun Hieng. Também pode ter sido essa a história que contei para o sr. Bizot. Quanto à pequena cabana que ele viu, onde havia correntes e argolas — não creio que isso seja falso. Por outro lado, essa construção não era do meu tempo. Gostaria de esclarecer que, antes da criação do M-13, existia ali um posto policial mantido por gente de Hanói, e que Ta Mok mandou destruir. A cabana pode ter sido deixada por eles — não sei; mas também pode ter sido parte de uma antiga instalação deixada de pé no local. A propósito das torturas, eu não as nego. Havia pelo menos duas maneiras de proceder, ao que me lembro, conforme o caso. É tudo o que eu queria esclarecer.

JUIZ LAVERGNE — E o que vinha a ser esse posto policial mantido por gente de Hanói?

RÉU — O que posso responder, baseado nas minhas lembranças, é o seguinte: era um posto comparável ao M-13. Mas Ta Mok mandou demoli-lo antes da criação do M-13. Quando recebi a direção do M-13, eu também me interroguei sobre isso. Por que Ta Mok destruiu o posto do pessoal de Hanói? Levantei a questão para ter certeza de que o meu trabalho não iria correr a mesma sorte, mas não tive resposta.

JUIZ LAVERGNE — Vou ler outro trecho do livro do sr. Bizot, uma passagem que se encontra à página 184. Temos aí um diálogo entre o senhor e o sr. Bizot.

François Bizot diz o seguinte: "Creio ter intuído, a partir de fiapos de conversa, que os prisioneiros do nosso campo são amarrados e espancados...". Sua resposta: "A maioria das pessoas que chega aqui — explicou ele após um momento de silêncio — foi apanhada em flagrante delito de espionagem. É meu dever interrogá-las para saber quem são os seus contatos, que tipo de informação eles buscam, quem lhes paga. Um único traidor pode comprometer toda a nossa luta. Você acha que eles dirão tudo o que sabem por livre e espontânea vontade?" — Pergunta de François Bizot: "Mas, quem bate nos prisioneiros?" — "Ah", retrucou ele, "se pergunta, é porque já sabe a resposta! Não tolero, de modo algum, a sua duplicidade! A única saída é aterrorizá-los, isolá-los, esfomeá--los. É muito duro. Preciso me violentar para fazer isso. Você não imagina o quanto a mentira me faz sair do sério! Quando interrogo os prisioneiros e eles apelam para todo tipo de truque para não falar, privando assim o nosso comando de informações talvez cruciais, então eu bato! Bato até perder o fôlego...". Essa passagem do livro tem a ver com algo que lhe desperte alguma lembrança, algo que corresponda a uma determinada realidade?

RÉU — Continuo a achar que a história que contei ao sr. Bizot é exatamente a do interrogatório a que submeti o espião chamado Kéo Boun Hieng. Nessa ocasião, como já declarei ao tribunal ou ao promotor adjunto, não me lembro, eu sofria de malária, tinha vertigens. Eu estava interrogando o prisioneiro, quando dois camaradas de Hanói chegaram e começaram a bater nele com toda a força. Então, ele confessou na hora que era um espião. Aquilo me deixou furioso. Parti para cima dele para chutá-lo, e o homem me suplicou. Levantei a mão para ele, mas estava sem fôlego, morto de cansaço. Então, mandei levar o prisioneiro de volta para o alojamento. Foi quando senti falta de ar e tontura. Me sentia mal, muito fraco, por causa da minha saúde ruim. Mas foi também porque os dois camaradas bateram no prisioneiro na minha frente, que eu me exaltei além da conta.

JUIZ LAVERGNE — Desculpe interrompê-lo, mas devemos concluir de suas palavras que o relato do sr. Bizot não corresponde ao que o senhor lhe disse? É a verdade ou não é a verdade?

RÉU — Não li com bastante atenção o trecho que o sr. Bizot escreveu. Mas a história que lembro é a que acabei de contar. No momento, agora que me encontro diante dos senhores, não posso refutar as afirmações do sr. Bizot. Gostaria que os senhores nos dessem a oportunidade de refletir juntos sobre o assunto.

JUIZ LAVERGNE — Apenas um esclarecimento, então. O senhor dispõe de um exemplar do livro, que os seus advogados lhe entregaram. O senhor não o leu?

RÉU — (*Em francês*) Sem dúvida, não [li]. Só a página 169. [Onde] ele escreveu [sobre] a perda de Lay e Son.

JUIZ LAVERGNE — O senhor se lembra da página exata, mas não se lembra mais do que está escrito sobre a tortura?

RÉU — Sim... O que o livro conta sobre a tortura e os maus--tratos corresponde à verdade exata! E posso dizer o seguinte: quando o sr. Bizot esteve comigo, eu não lhe bati, não o castiguei, não lhe fiz nada. Notei que sua grande dor vinha de [sua responsabilidade para com] Lay e Son.

JUIZ LAVERGNE — Tenho, então, uma última pergunta. Muito se falou de seu empenho em estabelecer a verdade; do seu ódio da mentira. Gostaria de saber se o senhor confirma o que consta dos autos, à cota 67. Trata-se de uma de suas audiências de instrução. Os juízes adjuntos lhe fizeram a seguinte pergunta... Posso dar também o número IRN da versão em francês, 00177645.

A questão colocada foi a seguinte: "Isso nos leva a inquiri-lo sobre o valor que o senhor atribuía ao teor das confissões. Na sua opinião, elas refletiam a verdade? A sua maneira de encarar essa questão mudou com o tempo?". Então, o senhor deu algumas explicações sobre a S-21, talvez mais tarde voltemos a esse ponto... Mas, pouco adiante, o senhor também disse o seguinte: "Na realidade, já no tempo do M-13 eu sabia que as confissões não refletiam a verdade. Fui obrigado a trabalhar a serviço de uma organização criminosa durante toda a minha vida, pelo que assumo a minha responsabilidade". O senhor ouviu e compreendeu o que eu acabei de ler? Teria algum comentário a fazer?

RÉU — Ouvi e entendi perfeitamente a declaração que o senhor acaba de ler. Eu disse isso a propósito da minha análise das confissões extraídas sob tortura. Admito que se tratam de crimes que não podem ser negados.

JUIZ LAVERGNE — Minha pergunta é mais específica. O senhor diz textualmente o seguinte: "Já no tempo do M-13, eu sabia que as confissões não refletiam a verdade". O senhor, portanto, confirma que sabia que as confissões não expressavam a verdade?

RÉU — Reitero que as confissões assim obtidas não refletiam a verdade. No máximo, talvez, uns 20%. Quanto às pessoas cujos nomes eram entregues [no desenrolar dos interrogatórios], no máximo 10%.

JUIZ LAVERGNE — Não teria existido uma verdade de ordem política, uma verdade que deveria estar em conformidade com uma linha proletária — não sei como a definir —, em função da qual era preciso escamotear o fato de que as confissões não correspondiam à realidade?

RÉU — O senhor poderia me dar um momento para refletir? Não me sinto em condições de lhe responder. Por favor, o senhor poderia reformular a pergunta sem modificá-la, mas dividindo-a em partes menores?

JUIZ LAVERGNE — O senhor disse que apenas 20% das confissões expressavam a verdade. A minha pergunta é a seguinte: é possível que os 80% restantes fossem adequados a uma verdade que não tinha fundamento na realidade, mas que era a verdade sustentada pelo Partido, pela linha proletária, pela ideologia?

RÉU — Os 20% a que me referi como não refletindo a verdade se explicam do seguinte modo: entre os numerosos presos que era preciso interrogar, havia alguns revolucionários acusados de serem informantes. Que me seja permitido tomar como exemplo as confissões de Kuoy Thuon.* Eu mesmo não as li, mas o alto escalão, que tomou conhecimento delas, me informou que eram verídicas. Para mim, no entanto, isso colocava um problema. Como ele admitiu que trabalhava para a CIA, eu já não sabia em que acreditar, se nas suas atividades como traidor ou como revolucionário. Portanto, a razão pela qual digo que as confissões não eram verídicas vem dessa contradição.

JUIZ LAVERGNE — Então, uma última questão. O senhor também ouviu o que se discutiu aqui a propósito da delação. O senhor sabe o que vem a ser *delação*?... O senhor não ouviu a pergunta?

RÉU — Sim, ouvi a pergunta, mas não compreendo a palavra *delação*.

JUIZ LAVERGNE — Delação é o fato de denunciar. A denúncia estava entre as qualidades que um bom revolucionário deveria cultivar? O senhor ouviu o que foi dito há pouco: denunciar os próprios pais era algo que o Partido via com bons olhos?

RÉU — Essa questão está relacionada à teoria. Eu já tinha ouvido falar disso, quando estive na prisão central. Contavam que um militante vietnamita tinha mandado prender o pai. Quando o trouxeram em sua presença, ele disse: "Saúdo respeitosamente o meu pai, mas vou mandar executar o inimigo". Pessoalmente, nunca apreciei que os meus subordinados denunciassem os pais. Também nunca estimulei esse tipo de comportamento.

PRESIDENTE — Agora, a Câmara gostaria de ceder a palavra ao promotor público adjunto estrangeiro.

PROMOTOR PÚBLICO ADJUNTO ESTRANGEIRO — Obrigado, senhor presidente. Sr. Bizot, algumas perguntas. Talvez tenha sido um

---

* Secretário da Zona Norte, 1965-75. Preso em 1976 e morto em Tuol Sleng. (N. T.)

problema de tradução, mas ontem o senhor nos relatou de maneira bastante eloquente o último jantar antes de sua libertação e, em particular, a conversa que teve com o réu, quando ele lhe confidenciou que batia nos prisioneiros para que eles confessassem. No entanto, o senhor nos... Mais uma vez, peço a sua compreensão caso a tradução não tenha sido fiel, mas parece que o senhor disse que Deuch, de uma só tirada, contou que aquele trabalho o fazia vomitar. Acho que li seu livro atentamente, perdão, reli o livro, reli a transcrição da sua audiência de instrução e em nenhuma parte, em nenhum momento, muito menos durante esse jantar, consta que o réu, durante aqueles três meses, tenha lhe manifestado algum remorso ou conflito de consciência em relação a esse — queira me perdoar, mais uma vez — trabalho. Então, o senhor poderia confirmar se de fato reitera ou recorda, hoje, o remorso que Deuch supostamente lhe manifestou durante aquela ceia ou jantar? Quem sabe não teria sido antes uma esperança que o senhor alimentou? Ou foi mesmo uma lembrança, uma lembrança que o senhor guardou?

TESTEMUNHA — Sim, senhor promotor — eu mesmo sinto certo embaraço com relação a uma questão. Prestar um depoimento objetivo sobre o que aconteceu diante dos meus olhos, é uma coisa; relatar o que vivi por meio da escrita, é outra. A parte de exatidão dos acontecimentos e dos fatos que sucederam e que eu relato no meu livro não vai além das minhas lembranças — e eu não pude ver tudo, longe disso. Outra pessoa teria dito as coisas de outra forma, visto coisas que não vi. Tanto mais que não apelei, por assim dizer, para minha memória consciente para, trinta anos depois, dar conta dos efeitos provocados por uma tribulação da qual não esperava sair com vida. O que exprimi no livro, pois, foram impressões e sensações. Prestar hoje, 38 anos mais tarde, um depoimento objetivo sobre o que se passou naqueles três meses é outra coisa, e exige infinitamente mais precauções verbais de minha parte. Devo dizer, a fim de responder à sua pergunta, que não ouvi Deuch manifestar remorsos. Acho que me lembro a... diria, a extrema... contrariedade, como dizer, o grande mal-estar de Deuch quando me disse que às vezes surrava os prisioneiros. Se não tivesse me dito, eu não teria imaginado. Mas como me disse, foi isso que guardei. Não poderia confirmar os termos que ele usou para dizer o que disse. O que me lembro, simplesmente, é que foi num impulso de espontaneidade, de sinceridade, que ele me falou do trabalho que lhe incumbia, trabalho que ele considerava compulsório, que fazia precisando se violentar. Violentando-se a si mesmo. Como quem cumpre, eu diria... um dever. Se ontem eu disse que isso o fazia vomitar, acho que... como não me lembro mais do que disse ontem, pode não ter sido esta a palavra que ele usou.

PROMOTOR PÚBLICO ADJUNTO ESTRANGEIRO — O senhor há de concordar comigo que ter um dever não significa necessariamente que alguém tenha de se violentar para cumpri-lo. Me corrija se eu estiver errado, mas o senhor nos disse que em nenhum momento de seu cativeiro o réu mostrou remorso; por outro lado, quando houve a conversa que o senhor relatou no livro e por ocasião das audiências de instrução — fique bem entendido, é claro que trinta anos depois, considerando o que o senhor passou, nós todos compreendemos que seu testemunho reflita essas circunstâncias. No entanto, a obrigação de fazer esse tipo de trabalho é algo que o senhor não mencionou nos autos, mas somente hoje pela manhã. Seria correto dizer que se trata antes de uma impressão que talvez lhe tenha ficado, não de algo que Deuch mesmo tivesse dito?

TESTEMUNHA — Ele me disse que... aquele trabalho era de sua alçada. E que... receio tentar me lembrar daquilo que escrevi. Veja o senhor, o fato de ter escrito de certa forma lavou, esvaziou minha memória. Receio não poder me lembrar realmente das lembranças que tinha antes de escrever o livro. E receio repetir para os senhores aquilo que escrevi. Creio, no entanto, que me lembro de Deuch ter dito que fazia aquele trabalho sem prazer, como uma obrigação, pois se dependesse dos prisioneiros, eles não diriam a verdade.

PROMOTOR PÚBLICO ADJUNTO ESTRANGEIRO — Para que fique claro: essa conversa ocorreu quando o senhor estava na companhia de outros militantes do Khmer Vermelho, entre eles, um chefe? Ou foi somente uma conversa paralela entre o senhor e Deuch?

TESTEMUNHA — Não, foi na véspera da minha libertação. Não fui libertado no dia 24, mas no dia 25 de dezembro. E o contratempo, que obrigou a adiar por um dia a minha libertação, me provocou uma espécie de palpitação durante o serão. A conversa ocorreu no momento em que me aproximei de Deuch, que estava sentado ao pé da fogueira — ou ao contrário. Não havia mais ninguém, a não ser um jovem guarda que apareceu um pouco mais tarde e a quem Deuch pediu que cantasse uma canção revolucionária...

PROMOTOR PÚBLICO ADJUNTO ESTRANGEIRO — O senhor declarou, tanto na fase de instrução quanto ontem, que não sofreu maus-tratos. Mas, e quanto à tortura psicológica? Mais precisamente, dois incidentes desse tipo são relatados no seu livro. No primeiro, o réu o teria induzido a crer que o senhor havia sido finalmente desmascarado, julgado culpado e que, portanto, iria sofrer as consequências. Como é natural, isso provocou uma reação no senhor, e diante dessa reação Deuch revelou: "Não, não, foi uma brincadeira, ah! ah! ah!". O senhor poderia confirmar se esse incidente realmente ocorreu como eu o descrevi? Caso tenha omitido algum detalhe, o senhor poderia descrevê-lo para nós? Enfim, o senhor poderia confirmar se esse incidente de fato ocorreu?

TESTEMUNHA — Com toda a certeza. O réu está aqui para confirmar. Se eu tenho dificuldade em me lembrar de certas palavras usadas na ocasião, seja por ele, seja por mim, esse interlúdio, em compensação, quando Deuch volta de uma de suas saídas semanais, ficou nitidamente gravado na minha memória. Confirmo, portanto, que Deuch realmente me pregou uma peça jogando com o fato de que... como diria, jogando com o desfecho da minha reclusão. Isto é, ele me disse que, de certo modo, eu tinha sido descoberto e desmascarado. Acho que foi a primeira e única vez que Deuch falou comigo em francês. Minha reação foi intensa, tanto que eu sabia desde a véspera que ele deveria passar o dia parlamentando com os responsáveis, com seus superiores, e que meu caso seria trazido à baila novamente. Como já fazia três meses que eu estava ali, aquela história não poderia se prolongar por muito mais tempo... Quando ele fingiu que eu tinha sido desmascarado, que as acusações feitas contra mim tinham procedência, meus joelhos bambearam e eu caí ao chão. Foi então que ele me ergueu, dizendo que tudo não passava de uma brincadeira.

PROMOTOR PÚBLICO ADJUNTO ESTRANGEIRO — O senhor poderia nos falar de outro incidente do gênero, em que o réu, dessa vez, se valeu da amizade que existia entre o senhor e seu colega e amigo Son para, do mesmo modo, induzi-lo a crer em consequências e em seguida dizer que não, que era um embuste?

TESTEMUNHA — Senhor promotor, o senhor se refere ao que aconteceu quando os meus companheiros foram desaferrolhados e eu mesmo já podia circular livremente pelo campo? Pode ser, aliás, que isso tenha acontecido quando Deuch mandou um guarda soltar Lay e Son. O senhor se refere ao comentário que Deuch fez, quando disse a Son, se me lembro bem: "Bizot..." — deveria ter relido o meu livro antes de vir, pois não me lembro mais do que escrevi. Havia uma cena em que Deuch, de certo modo, caçoava de Son. Deuch percebeu que eu era muito ligado a Lay. Havia mais de cinco anos que conhecia Lay. Estávamos o tempo todo juntos, trabalhávamos juntos. Já Son tinha sido empregado pela Conservação de Angkor havia apenas seis meses, se não me engano. Era recém-casado e eu tinha pouco contato com ele, não o conhecia tão bem. Assim, quando nós três nos reuníamos, era com Lay que eu me comunicava mais diretamente, mesmo porque ele tinha mais experiência do trabalho que Son. Deuch disse a Son: "Bizot vai partir, mas um de vocês dois terá de ficar aqui. Como era preciso escolher, Bizot preferiu que Lay partisse com ele". Silêncio da parte de Son. Então, Deuch lhe disse: "Mas você é capaz de acreditar numa coisa dessas, é?". E, para o meu grande pesar, Son respondeu: "Sim, acho que é possível". Então, acho que Deuch acrescentou: "Ah! Enfim, alguém que acredita em mim". Mas ele disse isso rindo, e Son e Lay foram desaferrolhados ao mesmo tempo.

PROMOTOR PÚBLICO ADJUNTO ESTRANGEIRO — Obrigado. Não tenho mais perguntas.

PRESIDENTE — Gostaria de dar prosseguimento aos trabalhos dando às partes civis a oportunidade de colocar as suas questões à testemunha. Gostaria, para começar, de convidar os advogados da parte civil do grupo nº 1.

ADVOGADO ADJUNTO ESTRANGEIRO DO GRUPO Nº 1 — Bom dia, sr. Bizot. Meu nome é Alain Verner e represento 38 partes civis no processo. Tenho poucas perguntas para lhe fazer. A primeira: ontem, o senhor mencionou a situação privilegiada que desfrutava no M-13. Para retomar as suas próprias palavras, o senhor falou em tratamento de favor. A certa altura, especialmente no que diz respeito à alimentação; depois, por não ter sofrido maus-tratos. Ficou claro, pelo que o senhor nos contou ontem e pelo que está no seu livro, que foi o réu quem lhe concedeu esse tratamento de favor. Sr. Bizot, o senhor acaso saberia se o réu obteve autorização prévia de seus superiores para lhe outorgar esse tratamento de favor?

TESTEMUNHA — Não tenho como saber. Não posso dizer nem que imagino, nem que não imagino. Desconheço totalmente, não posso responder à sua pergunta.

ADVOGADO ADJUNTO ESTRANGEIRO DO GRUPO Nº 1 — Ontem o senhor mencionou o fato de que o réu falava pouco, e disse que ele era bastante compenetrado das funções de chefe do campo. O senhor viu ou ouviu algo que o tivesse levado a formar essa opinião?

TESTEMUNHA — Isso sobressaía da personalidade manifesta do réu, já naquela época; depois, de sua reputação entre os guardas. Os jovens guardas tinham bastante respeito pelo réu, dadas as inúmeras horas de trabalho que ele dedicava aos dossiês — seja aos dossiês, seja ao que fosse, o fato é que ele trabalhava muito. Por isso, conquistou uma reputação de seriedade e responsabilidade que inspirava inegável respeito entre os guardas. Em seguida, como pude averiguar, o que eu dizia ou escrevia nas minhas declarações era sempre cotejado com o que eu tinha dito uma ou duas semanas antes, e a análise das minhas afirmações era feita com todo o cuidado. Depois, nos dois últimos dias, a partir do momento em que tiraram as minhas correntes e pude conversar com Lay e Son, e mesmo trocar algumas palavras com os detentos: a reputação de Deuch entre todos eles era a de alguém bastante compenetrado de suas funções.

ADVOGADO ADJUNTO ESTRANGEIRO DO GRUPO Nº 1 — [...] Tenho apenas mais duas perguntas, sr. presidente. A primeira é sobre os interrogatórios, sr. Bizot. Ontem, o senhor afirmou: "Eu não podia fornecer a prova da minha não culpabilidade", e explicou que, a certa altura, disse a si mesmo que não poderia provar a sua inocência. Além disso, respondendo ao sr. Petit, o promotor adjunto, o senhor mencionou esse exemplo de simulacro. Tenho apenas uma pergunta sobre isto, sr. Bizot. A seu ver, um cambojano — talvez sem a educação que o senhor recebeu, sem a sua erudição de membro da Escola Francesa do Extremo Oriente —, um cambojano interrogado pelo réu seria capaz de fornecer a prova de sua não culpabilidade, tal como o senhor forneceu?

TESTEMUNHA — Acho que não. Não digo que tenha certeza, apenas acho que não. Penso, pelo contrário, que uma vez chegado a um campo de concentração, a única questão que se coloca é a da culpabilidade. Tenho também a impressão de que quaisquer tentativas de dizer que as acusações que pesam contra nós são injustas, infundadas, só fazem retardar dolorosamente o momento da morte. É o que penso. Em contrapartida, não tenho a impressão de ter conseguido convencer o réu da minha não culpabilidade. A meu ver, esse foi um juízo a que ele mesmo chegou, com base no que eu dizia durante os interrogatórios e no cruzamento de informações que ele fazia com Lay e Son sobre a realidade das minhas atividades. De certo modo, me beneficiei — do que só me resultou sofrimento... Mas a presença de Lay e Son no campo foi um fator fundamental para minha libertação. Tudo o que eu dizia, por um lado, as lembranças que eles tinham só podiam confirmar, por outro.

ADVOGADO ADJUNTO ESTRANGEIRO DO GRUPO Nº 1 — Uma última coisa, sr. Bizot. Nas inúmeras entrevistas que o senhor concedeu à imprensa nos últimos meses e nos últimos anos, há um termo recorrente, o fato de que é preciso enxergar o homem por trás da máscara do monstro — é preciso conseguir enxergar o ser humano. E, pelo visto, o senhor mesmo conseguiu realizar essa diligência em relação ao réu, e enxergar nele o homem. Com certeza, essa diligência é algo que lhe pertence e nós, das partes civis, a respeitamos. Tenho apenas uma pergunta com relação a isso. O senhor não foi apenas uma vítima do réu: o senhor foi aprisionado por uma organização, o Khmer Vermelho, e naturalmente sabe o que eles fizeram ao Camboja em seguida, um país pelo qual o senhor tem grande afeição. Teria o senhor a mesma disposição para enxergar o homem atrás do algoz, no caso dos dirigentes do Khmer Vermelho que ainda vivem e aguardam instrução criminal? Penso nos dirigentes com os quais o senhor não teve contato direto, especialmente Nuon Chea. O senhor também consegue enxergar o homem no caso dele?

TESTEMUNHA — ... Sim, doutor.

ADVOGADO ADJUNTO ESTRANGEIRO DO GRUPO Nº 1 — Não tenho mais perguntas, senhor pre...

TESTEMUNHA — ... Não terminei.

ADVOGADO ADJUNTO ESTRANGEIRO DO GRUPO Nº 1 — Queira me desculpar.

TESTEMUNHA — O que quero dizer é que, para fazer ideia da abominação do algoz e de sua ação — o senhor acabou de citar o nome de Nuon Chea ou o do réu —, digo que é preciso reabilitar a humanidade que o habita. Se fizermos dele um monstro à parte, eliminando assim a possibilidade de nos reconhecermos não no que ele possa ter feito, mas nele enquanto ser humano — então, me parece, o horror de sua ação de algum modo nos escapará. Se, por outro lado, o considerarmos como alguém dotado das mesmas faculdades que nós, somos tomados de pavor — para lá dessa espécie de segregação que seria preciso fazer entre os que são capazes de matar e nós, que não somos. Infelizmente, receio chegarmos a uma compreensão ainda mais terrível do algoz se levarmos em consideração a sua humanidade.

Por outro lado, tentar compreender não é querer perdoar. Não existe, a meu ver, perdão possível. Em nome de quem se poderia perdoar? Em nome dos que estão mortos? Não creio. O horror cometido de encontro ao Camboja — o qual, infelizmente, não é exclusivo deste pobre país — foi abismal; devemos ouvir o grito das vítimas e não pensar nunca que ele possa ser excessivo. As palavras mais duras que se possa ter contra o réu nunca serão duras o bastante. Não se trata de querer perdoar o que foi feito. Trata-se, na minha diligência — e não há razão alguma para que ela também seja a das vítimas —, de tentar compreender o drama universal que se desenrolou aqui, nas selvas do Camboja, como noutros países ou noutros momentos da nossa história. Mesmo a história mais recente.

PRESIDENTE — Agora, gostaria de ceder a palavra aos advogados das partes civis do grupo nº 2. Por favor.

ADVOGADA ADJUNTA ESTRANGEIRA DO GRUPO Nº 2 — Obrigada, senhor presidente. Meu nome é Silke Studzinsky e sou advogada adjunta das partes civis do grupo nº 2. Sr. Bizot, gostaria de voltar à relação que manteve com o réu durante aquele período de três meses, a qual, na tradução para o inglês de seu livro, o senhor qualifica como marcada por certa familiaridade. O senhor poderia nos esclarecer com que frequência e sobre que tipo de assunto, caso se lembre, o senhor chegou a trocar palavras e, pelo que pude compreender ontem, a manter uma espécie de intercâmbio intelectual com o réu?

TESTEMUNHA — Via o responsável pelo campo, Deuch, praticamente todos os dias. Eu me sentia incapaz de conter as lágrimas, o sofrimento e o sentimento de incompreensão, de injustiça, que experimentava. Na maior parte do tempo, isso se traduzia por crises de cólera. Cólera um tanto vã, que no fundo só exercia contra mim mesmo. Mas, durante os interrogatórios, diante das perguntas que Deuch me fazia, a cólera me dava forças para exprimir a injustiça insuportável de que eu era objeto, e também me proporcionava um sentimento de alívio, já que me fazia questionar o meu interrogador, em contrapartida. Devo dizer que ele entrou no jogo, que me falou de sua família, talvez para que eu — sou eu quem o acrescenta — falasse mais da minha. Ele me falou de seu trabalho no tempo em que ensinava matemática em Kompong Thom, talvez para que eu falasse mais do meu. Tudo isso não deixou de criar certa regularidade nas relações que tínhamos no dia a dia, quando retomávamos as discussões da véspera, quando ele me contradizia, quando se referia às informações que eu havia fornecido comentando que eu tinha escondido coisas, quando fazia o seu trabalho de interrogador. Com o tempo, isso tudo acabou criando uma espécie de rotina, de hábito.

Se, imediatamente após a provação do cativeiro, recebi um choque do qual não me esqueço — ver o homem por trás do algoz —, Deuch, por sua vez, de certo modo fez comigo o que nenhum algoz deve fazer: ele mesmo foi levado a ver o homem por trás do espião, por trás do prisioneiro. Estou convencido de que o chefe do M-13 foi levado a examinar o meu dossiê com uma atenção que ele não podia dispensar aos outros porque o meu interrogatório, que durou bastante tempo, criou uma espécie de laço de humanidade entre nós. Assim sendo, me mandar para a morte seria uma operação muito mais difícil do que matar seres desumanizados, ou, em todo caso, que não se procurou humanizar. Não sei, doutora, se respondi à sua pergunta.

ADVOGADA ADJUNTA ESTRANGEIRA DO GRUPO Nº 2 — Sim, obrigada. Volto a um ponto específico da minha pergunta. Seria correto afirmar que esse questionamento recíproco, por assim dizer — as perguntas que o senhor fazia ao responder às dele —, assumia a forma de uma discussão, ou melhor, de uma conversa e não de um interrogatório? Seria antes uma relação de comunicação?

TESTEMUNHA — Não diria isso. Essa comunicação recíproca, essas discussões subentendiam um objetivo preciso, bem claro: me pegar no contrapé, me levar a cair em contradição. Não sei se a coerência das minhas respostas foi julgada satisfatória, mas em todo caso certos elementos se salientaram e isso o levou a pensar que eu não era um agente da CIA. Foi o que ele fez valer junto de seus superiores. Acho que nunca houve uma relação simplesmente amistosa, livre, entre nós — a não ser, talvez, no último dia, quando já estava liberto das minhas travas. O ambiente em que nos encontrávamos era demasiado infernal. Não se pode falar em relações normais entre um algoz e um prisioneiro, menos ainda num campo de prisioneiros como o M-13.

ADVOGADA ADJUNTA ESTRANGEIRA DO GRUPO Nº 2 — Obrigada, sr. Bizot.

PRESIDENTE — Convido os advogados da parte civil do grupo nº 3 a colocar as suas perguntas. Por favor.

ADVOGADO ADJUNTO ESTRANGEIRO DO GRUPO Nº 3 — Obrigado, senhor presidente. Sr. Bizot, sou Philippe Cannone, defensor dos interesses das partes civis do grupo nº 3 [...] Gostaria de saber se, durante o seu cativeiro, o senhor teve conhecimento do número de execuções levadas a cabo.

TESTEMUNHA — Tenho a impressão de ter feito uma estimativa desse número no meu livro, mas agora já não tenho as coisas claras na memória. Fazer uma estimativa das execuções era um tanto difícil, pois o que eu via eram pessoas entrando e mais tarde saindo. Sempre tive a impressão de que aqueles que saíam, saíam para serem executados. Agora, suputar essa cifra sem mais seria, a meu ver, um tanto arbitrário. Também houve uns quinze prisioneiros que morreram de malária enquanto eu estava no campo. Hum... infelizmente, não posso ser mais preciso quanto ao número de execuções ocorridas no M-13 nesse período. Diria, no entanto, que todos os prisioneiros que vi chegar ao campo e que ainda estavam vivos quando fui embora devem ter morrido.

ADVOGADO ADJUNTO ESTRANGEIRO DO GRUPO Nº 3 — Volto, sr. Bizot, aos seus próprios interrogatórios. Alguma vez, para tentar confundi-lo, lhe apresentaram documentos falsificados como provas de sua suposta culpabilidade?

TESTEMUNHA — Não, isso nunca aconteceu.

ADVOGADO ADJUNTO ESTRANGEIRO DO GRUPO Nº 3 — Deixo de lado os fatos, uma vez que já lhe fizeram inúmeras perguntas a respeito deles. Penso que a largueza de vistas que o senhor há pouco adotou, a distância em que voluntariamente se situou, me autorizam a inquiri-lo sobre as suas impressões e sentimentos. O senhor permitiria que eu lhe fizesse tal diligência?

(*A testemunha aquiesce.*)

Bem. Então, a minha última questão se desdobra. Na fase de instrução e durante a detenção de Deuch, o senhor pediu autorização para vê-lo. Gesto muito compreensível, e eu acompanho o colega Verner no respeito que ele demonstrou por tal diligência. A sua vontade de tentar entender a complexidade da alma humana foi bem compreendida. Portanto, duas meias questões. Será que os remorsos e arrependimentos que não foram manifestados em nenhum momento na época, tal como o senhor afirmou, ocorrem hoje ao espírito de Deuch? Segunda questão. Assim o senhor poderá responder ambas de uma vez. Quando o senhor deixou os seus camaradas, alguns deles lhe disseram: "Camarada francês, não se esqueça de nós!". Se Lay e Son estivessem aqui hoje, o que poderiam esperar dessa acareação, desse processo? E, para além dos seus dois colegas, o senhor me entende, o que poderiam esperar as partes civis?

TESTEMUNHA — Não posso responder no lugar de Lay e Son. Eu mesmo não me concedo o estatuto de vítima. No entanto, se tentasse me colocar no lugar daqueles que morreram debaixo de tortura ou em consequência dela, tal como o senhor me pede, acho que o único arranjo que poderia me apaziguar e mitigar a execração sem fim que me rói, o ódio... seria me sentir quites. Obter uma compensação através do sofrimento infligido ao algoz. Tenho dúvidas, no entanto, sobre a viabilidade desse arranjo, duvido mesmo que essa equação faça sentido, tendo em vista o caráter monstruoso dos crimes do Khmer Vermelho. Sendo assim, já que o senhor se dirige a mim em nome dos meus antigos colegas de cativeiro, creio não traí-los se disser que uma possível indulgência de parte deles não teria como se consumar, a não ser que as perdas de Deuch pudessem anular as deles... Mais simplesmente, quando o sofrimento imposto a quem torturou o meu pai e causou a morte dos meus filhos fosse igual ao que eles suportaram.

PRESIDENTE — [...] Agora, cedo a palavra aos advogados da defesa, para que coloquem as suas questões à testemunha, sr. François Bizot. Por favor.

DR. ROUX — Obrigado, senhor presidente. Bom dia, sr. Bizot. Muito já se falou, tenho apenas algumas questões. Mas talvez uma questão precisa a respeito do adjunto de Deuch. Nós lhe fizemos a mesma pergunta. Se lhe der o nome de Ho Kim Heng, apelidado Soum, poderia ser essa pessoa?

TESTEMUNHA — Ho Kim Heng não me diz nada. Em compensação, Soum poderia efetivamente corresponder a um nome capaz de me acudir à lembrança.

DR. ROUX — Então, vou lhe fazer algumas questões, ou mais precisamente solicitar os seus comentários sobre declarações anteriores que o senhor fez, especialmente perante os juízes de instrução. No final de seu depoimento, o senhor acrescentou: "O senhor me pergunta se, para concluir, eu teria uma observação geral a formular. Diria simplesmente que o regime do Khmer Vermelho era um regime de terror, e que provavelmente era muito difícil para aqueles que exerciam alguma função nele voltar atrás". Algum comentário?

TESTEMUNHA — Nada tenho a acrescentar ao que disse por ocasião do estabelecimento dos autos de inquérito, durante a fase de instrução. Realmente, penso — e isso não requer mais prova ou demonstração — que o regime do Khmer Vermelho era de fato um regime de terror. Quanto a mim, nunca, nem uma vez sequer, a não ser no caso da minha própria libertação, vi que decisões importantes como essa, por exemplo, fossem tomadas no nível de Deuch. Ele devia se reportar ao escalão superior.

DR. ROUX — Obrigado. Agora, nos estendendo sobre a questão do terror, o senhor falou mais particularmente de Deuch no seu livro. O senhor escreveu: "O que me afeiçoava à sua pessoa, que a generosidade não havia desertado, talvez fosse a presença de um sofrimento constante que marcava a sua silhueta, bem como a sua fisionomia". O senhor fala em sofrimento constante, e volta a falar perante os juízes de instrução; à página 5, cota D40, o senhor disse: "Devo ressaltar que, se os guardas se sentiam atemorizados e os prisioneiros aterrorizados por Deuch, ele próprio também era vítima do medo. Em particular, penso que a sua divergência com Ta Mok a meu respeito o perseguiu por anos a fio". Deuch, o senhor declarou aos juízes de instrução, temia Ta Mok. Gostaria de ouvir os seus comentários sobre esse temor, esse sofrimento, que o senhor parece ter testemunhado.

TESTEMUNHA — Não posso me lembrar das imagens, que ainda estão presentes aos meus olhos quando penso no M-13, sem me lembrar também da terrível atmosfera de medo e morte que reinava ali — sem deixar de lembrar a que ponto o comandante do campo, o réu, encarnava tal atmosfera na época. Ela reinava sobre todo mundo, e não creio que seja possível imaginar que pudesse ser diferente. Quando Deuch partia para as suas reuniões e depois voltava, seu rosto, sua fisionomia, mostrava um acabrunhamento que eu não podia deixar de relacionar aos diversos assuntos que ele devia ter discutido com os seus superiores. Era claro que se tratava, todas as vezes, de decidir sobre o momento de uma execução já prevista. Em momento algum, seja na vida do chefe do campo ou na de seus auxiliares, havia conversas cujo conteúdo tivesse a ver com assuntos superficiais. A onipresença de uma ação que girava exclusivamente em torno da supressão da vida, da tortura, não podia ter outros efeitos senão aqueles que todos sentíamos fisicamente.

DR. ROUX — [...] Sr. Bizot, ao responder às perguntas particularmente pertinentes de alguns advogados das partes civis — penso especialmente na última pergunta feita por meu colega, o doutor Cannone —, o senhor teve palavras de grande humanidade para com as vítimas. Do mesmo modo, o senhor teve durante

todo o debate palavras de grande humanidade em relação a Deuch. Em nome da defesa, gostaria de agradecer ao sr. Bizot a contribuição maior que veio prestar aqui à obra da justiça.
Eu vos agradeço, senhor presidente.

PRESIDENTE — Nós o agradecemos, sr. Bizot, pelo testemunho que acaba de prestar perante a Câmara. A Câmara não tem mais questões a fazer. O senhor está livre, de agora em diante, para assistir às audiências, ou, se bem entender, ir para casa. Solicito ao oficial de justiça que o acompanhe até a saída da pretoria.

Notas

1. SARAH, 1963 [pp. 11-29]

1. Friedrich Hölderlin, *Les Lignes de la vie* (citado em Ernst Jünger, *Premier journal parisien*, 23 fev. 1942).
2. Traduzo de Nathaniel Hawthorne (*A letra escarlate*. São Paulo: Penguin/Companhia das Letras, 2011): "Nenhum homem é capaz de mostrar um rosto para si mesmo e outro para a multidão por muito tempo sem acabar confuso em relação ao verdadeiro".
3. Primo Levi, *Les Naufragés et les rescapés: Quarante ans après Auschwitz*. Paris: Gallimard, 1989. [Ed. bras.: *Os afogados e os sobreviventes*. Trad. de Luiz Sergio Henriques. Rio de Janeiro: Paz e Terra, 1990.]
4. Nic Dunlop e Nate Thayer, "Duch Confesses", *Far Eastern Economic Review*, v. 170, nº 3, 6 maio 1999. Ver também: Nic Dunlop, *The Lost Executioner: A Journey into the Heart of the Killing Fields*. Nova York: Walker & Company, 2005.
5. *France-Soir*, 1945. In: Joseph Kessel, *Jugements derniers: Le procès Pétain, Nuremberg et Eichmann*. Paris: Tallandier, 2007.
6. Rudolf Hoess, *Le Commandant d'Auschwitz parle*. Paris: La Découverte, 2005.
7. Ibid., p. 222.
8. Molière, *O tartufo*. São Paulo: Martins Editora, 2005, ato III, cena 4.

2. O REVOLUCIONÁRIO, 1971 [pp. 30-67]

1. Cf. Segundo anexo, p. 157.

2. A questão das falsas confissões extraídas sob tortura suscitou uma incompreensão total e generalizada. "Tal obstinação em quebrar mentalmente o suspeito para, no final, nada demonstrar é alucinante." (Francis Deron, *Le Procès des khmers rouges: Trente Ans d'enquête sur le génocide cambodgien*. Paris: Gallimard, 2009, p. 51). O problema que isso nos impõe será mencionado várias vezes durante o processo de Deuch. Pode-se, no entanto, questionar-lhe a pertinência no caso de interrogatórios cuja finalidade manifesta não é trazer à luz a "verdade", tal como a entendemos através do bom senso e da razão, uma vez que o Khmer Vermelho a concebia implicitamente como inexistente (veja-se, sobre esse ponto, o embaraço que as questões do juiz Lavergne acerca de "uma verdade bancada pelo partido" causaram ao réu (cf. Segundo anexo, pp. 182-3).

3. "Angkar", ou "organização", palavra que designava a facção mais radical do PCK (Partido Comunista do Kampuchea), aquela que tomará o poder. A fim de manter o sigilo e compartimentar a organização do partido, era em nome dessa entidade anônima que se tomavam e se executavam as decisões em todos os escalões e setores. A palavra, um tanto vaga, conferia ao poder uma força singular, gerando e mantendo um sentimento de incerteza e temor permanente. Todos os aspectos da vida cotidiana se encontravam sob a autoridade da Angkar.

4. Cf. Primeiro anexo, pp. 140-4.

5. Cf. Segundo anexo, pp. 180-2.

6. Título de um capítulo do livro de Olga Wormser e Henri Michel, *Tragédie de la déportation* (Paris: Hachette, 1954), retomado aqui em contraposição a essa "permanência do homem" que os deportados amiúde afirmaram, até mesmo diante da morte.

7. Ho Kim Heng, apelidado Soum. Esse nome, do qual tinha me esquecido, foi-me comunicado no tribunal por Deuch, por ocasião da minha deposição perante os juízes (cf. Primeiro anexo, p. 145 e Segundo anexo, p. 197).

8. Cristóvão Colombo.

9. Cf. Emmanuel Levinas, "La Responsabilité pour autrui". In: *Éthique et infini*. Paris: Fayard, 1982.

10. Hannah Arendt, "Après le Nazisme". In: *Penser l'Événement*. Paris: Belin, 1989.

3. O ALGOZ, 1988 [pp. 68-84]

1. A "disciplina" ou os "regulamentos" monásticos (vinaya). Nenhum monge pode transmitir a sua própria ordenação sem que ele mesmo tenha pelo menos dez anos de colação.

2. Jacques Loiseleur foi capturado na rodovia nacional nº 5. Ele foi pego no meio de uma escaramuça entre revolucionários e republicanos, quando vinha de Kompong Chhnang transportando pescado para um programa de ação humanitária contra a fome sediado em Phnom Penh. Nas entrevistas de Battambang, Deuch recorda o motorista de caminhão que fazia frequentes alusões ao catolicismo e com quem ele passou a noite de Natal. Loiseleur foi executado em 1973. A propósito, Deuch esclareceu que, após 1975, Nuon Chea determinou que os corpos de estrangeiros fossem incinerados em piras feitas de pneus, de modo a não deixar nenhum vestígio das ossadas (cf. também, Primeiro anexo, pp. 146-7).
3. Anatole France, *Thaïs*. Paris: Actes Sud, 1992.

4. O DETENTO, 1999 [pp. 85-109]

1. Nate Thayer. O repórter americano se achava então em Battambang, em companhia de Deuch, cujas declarações ele registrou em primeira mão.
2. Principal local de execução e vala comum de Tuol Sleng, localizado a quinze quilômetros a sudoeste de Phnom Penh. O lugar era conhecido pelo célebre pé de Buda exposto no mosteiro do lugarejo, Vat Chhoeung Ek (o templo do "pé único"), onde estive em várias oportunidades (cf. "La Figuration des pieds du Bouddha au Cambodge", *Études Asiatiques*, Berna, 1971).
3. "Apprendre à avoir Peur", *Terre Magazine* (periódico mensal de informação e ligação das Forças Armadas terrestres), dez. 2000-jan. 2001.
4. Entrevista na prisão militar, cf. Jean Baronnet, *Derrière le Portail*, Gloria Films/ Arte, 2004.
5. Ver Rudolf Hoess, "Moi aussi j'avais un Coeur" (*Le Commandant d'Auschwitz parle*, op. cit.).
6. Título de uma obra de Georges Bernanos (Grasset, 1931), retomado aqui numa outra direção.
7. Cf. *Derrière le Portail*, op. cit.
8. Deuch prossegue relatando os acontecimentos que precederam a morte de Lay e Son, com os mesmos pormenores que fornecerá por escrito na sua "Miscelânea", cinco anos mais tarde (cf. Primeiro anexo, pp. 144-8).

5. O RÉU, 2009 [pp. 110-31]

1. Cf. Primeiro anexo, in fine.
2. François Bizot, *Le Portail*. Paris: Gallimard, pp. 218-22.

3. Ernst Jünger, *Second journal parisien*, mar. 1943.
4. Yves Bonnefoy, *Le Lieu d'herbes: Le Lac au loin*. Paris: Galilée, 2010, p. 27.
5. François Bizot, op. cit., p. 171.
6. Sessão de audiência nº 5, 00315759, E 1/9.1, 4 abr. 2009. Cf. também Primeiro anexo, p. 143 e Segundo anexo, pp. 174-7.
7. Cf. minha deposição, Segundo anexo, pp. 180-2; François Bizot, op. cit., p. 184.
8. Cf. Bizot, op. cit., p. 184.
9. As entrevistas de Battambang me foram comunicadas diretamente por Nate Thayer, e permanecem inéditas. Obtidas em condições inicialmente julgadas ilícitas, as gravações propriamente ditas nunca vieram à luz.
10. François Bizot, op. cit., p. 145-6, e Primeiro anexo, p. 137.
11. Cf. Segundo anexo, pp. 192-3. Nuon Chea foi o braço direito de Pol Pot, a quem Deuch considera o verdadeiro responsável pelos massacres, mais ainda que Son Sen, e que eu identifiquei ao diabo em vários artigos.
12. Cf. minha deposição, Segundo anexo, p. 196.
13. Thierry Cruvellier, *Le Maître des aveux*. Paris: Gallimard, 2011. O autor fez uma análise do processo, do início ao fim, e acompanhou com bastante sutileza a evolução das reações e do comportamento do réu.
14. Dr. François Roux, arrazoamento de 26 de novembro de 2009.
15. Resposta de Deuch ao irmão de Kerry Hamill, torturado e morto em Tuol Sleng.
16. Khieu Samphan, ex-presidente do Kampuchea Democrático; Nuon Chea, ex-secretário adjunto do PCK e número dois do regime; Ieng Sary, ex-ministro das Relações Exteriores; Ineg Thirith, ex-ministra do Bem-Estar Social.
17. "A fim de descobrir a origem do mal praticado diariamente na S-21, não precisamos olhar para além de nós mesmos." David Chandler, *S-21 ou le Crime impuni des Khmers Rouges*, prefácio de François Bizot. Paris: Autrement, 2002.
18. Yves Bonnefoy, "Mes Souvenirs d'Arménie", op. cit., p. 57.
19. "No fundo de nós, tudo está consumado." Johann Wolfgang von Goethe, *Viagem à Itália* (1821). São Paulo: Companhia das Letras, 1999.

PRIMEIRO ANEXO [pp. 135-51]

1. Deuch emprega aqui, para me designar, a palavra "lok" (senhor), em lugar do termo corrente à época, "mit" (camarada).
2. Sobre a significação e as fontes dessa asserção, cf. François Bizot, *La Pureté par les mots*. Paris: EFEO, 1996, pp. 40-5.

3. Chhay Kim Hor, apelidado Hok, antigo professor de matemática e chefe executivo do escritório da Zona Sudoeste. Cf. François Bizot, *Le Portail*, op. cit., p. 425.

4. Secretário da Zona Especial.

5. Sobre a visita clandestina de Serge Thion ao Camboja (Philip Short, *Pol Pot: Anatomie d'un cauchemar*. Paris: Denoël, 2007, pp. 326-7).

6. Bernard-Philippe Groslier (1926-86), o Conservador de Angkor.

7. O adjunto ou auxiliar de Deuch, o homem que me recebeu quando cheguei ao campo de prisioneiros, e que tanto me amedrontou.

8. Cf. nota 2 do capítulo 3, "O algoz, 1988".

SEGUNDO ANEXO [pp. 153-99]

1. O oficial de justiça me ajuda a pôr o caderno na posição correta e explica como utilizar o retroprojetor.

Cronologia dos acontecimentos referidos no livro

1960   Serviço militar na Argélia.
1963   Falecimento de meu pai.
1965   Partida para o Camboja.
1970   O Exército norte-vietnamita invade Angkor.
1971   Captura e encarceramento num campo de extermínio do Khmer Vermelho (M-13), comandado por Deuch. Este intervém junto à hierarquia do movimento guerrilheiro para conseguir a minha libertação (10 out.-25 dez.).
1975   Grande ofensiva do Khmer Vermelho contra Phnom Penh, e queda da capital. Estabelecimento de um centro de interrogação, tortura e execução (S-21) no antigo liceu de Tuol Sleng, sob a chefia de Deuch.
1979   Invasão do Camboja e tomada da capital pelos vietnamitas. Deuch abandona a S-21 e se refugia no interior do país, juntamente com as forças do Khmer Vermelho.
1988   Regresso ao Camboja. Descubro os horrores da S-21 e reconheço Deuch na fotografia do antigo diretor da prisão.
1999   Prisão de Deuch em Samlaut, próximo da fronteira tailandesa. Em seguida, escrevo as memórias do meu encarceramento, intituladas *Le Portail* (2000).
2001   Criação da Câmara Extraordinária nas Cortes do Camboja (CECC), para julgar os crimes cometidos durante o período do Kampuchea Democrático.

2003 Autorização para visitar Deuch na prisão militar de Phnom Penh. Filmagem de um documentário sobre o meu reencontro com o torturador, intitulado *Derrière le Portail*.
2008 Segundo encontro com Deuch em sua nova prisão da CECC.
2009 Abertura do processo público contra Deuch (17 de fevereiro). Deponho na qualidade de testemunha da Câmara (8 e 9 de abril).

Agradecimentos

Eis que há muito vinha colhendo materiais para desenvolver uma obra hipotética (nunca escrevemos o livro que queremos), a qual, tinha certeza, seria, de um jeito ou de outro, consagrada aos seres, livros e coisas que encontrasse pelo caminho e me ofertassem os seus dons.

Não teria começado nem terminado nada sem a amizade de Antoine Audouard, que me acompanhou com infinita constância ao longo das incessantes flutuações, retomadas e peripécias deste livro.

Susanna Lea empenhou com obstinação toda a sua generosidade para que ele fosse publicado na França e no exterior.

Tive o ensejo de poder escrever este livro em paz, embora partindo de tramas de ideias que se desenredaram somente com o passar dos anos, em parte na casa de Antoine e Susanna, em parte em Chiang Mai, e em parte no Yonne, na casa de Brigitte e Bubu, onde me entrincheirei na serra sob o "olho de ônix" de um doce galináceo, que todas as manhãs vinha empoleirar-se nos meus joelhos e me fazia sonhar com os meus amigos do M-13.

Este livro jamais teria sido o que é sem a eterna presença e força dos meus três filhos, Hélène, Charles e Laura, e a escuta cotidiana dos meus fiéis boxers ("Avi").

Permitam-me exprimir a minha gratidão a Teresa Cremisi, por seu desvelo e solicitude.

Sou particularmente agradecido a Jean-Christophe Attias, Robert Baeli, Thierry Cruvellier, Marcel Lemonde, François Roux e Tzvetan Todorov.

ESTA OBRA FOI COMPOSTA EM MINION PELO ACQUA ESTÚDIO E IMPRESSA
PELA PROL EDITORA GRÁFICA EM OFSETE SOBRE PAPEL PÓLEN SOFT DA SUZANO
PAPEL E CELULOSE PARA A EDITORA SCHWARCZ EM FEVEREIRO DE 2014